逢いたくなる」
オーラ
をはぐくむ
モナコからの
言葉77

エミチカ

幻冬舎

はじめに――「ＨＯＷ」ではなく「ＦＥＥＬ」で、自分の「破壊」と「再生」を

Bonjour!　わたくし、エミチカこと江見知桂にとって2冊目となるこの本では、日本のすべての女性たちにもっともっと素敵に生きていただけるよう、私がモナコに住んで感じ取り、紡いできた77のメッセージをお贈りします。最後までお付き合いいただけたら、みなさんもきっと、「逢いたくなる人」（Ｐ16）のオーラを身にまとえるようになっていると思います。

自分の手の内をはじめに明かしてしまったほうが絶対にラク（Ｐ１８４）でもあるので最初にお伝えしておきますと、本書は、ビジネス・自己啓発というカテゴリーになるのでしょうが、同系統の書籍に多くある、ビジネスのやり方系の具体例は載っていません。なぜなら、私の生き方のモットーが「ＨＯＷ」ではなく「ＦＥＥＬ」（Ｐ43）だからなのです。

上澄みだけすする（P74）ように、他人のうまくいったプロセスだけをなぞったところで、その人自身の内側が健やかに成長することはないでしょう。だからこそ、言動という「枝葉」ではなく、脳という「幹」や、もっと言うと、心という「根」を育てていく。そこを、この本のテーマとしてまとめました。

私は2011年まで、医師の妻、普通の専業主婦として暮らしていました。しかし、夫が急逝。勢いよく流れていた水、つまり収入が突然なくなり、病院を閉院するしかなく（P178）、それからは自分の人生をリセットして、2人の子どもを育てつつ、50歳を過ぎてから実業家としての道を進み始めました。

感じる心とインスピレーション（P117）で突き進んでいって事業が軌道に乗った頃、さらなる試練が待っていました。バセドウ病で計5回に及ぶ顔の大手術となったのです。仕事の苦労など比ではない、暗く深い海の底にいるような日々を長く過ごしました。それでも、人生を前に進めてくれるのは「破壊」と「再生」なんだ（P29）と、自分を奮い立たせて乗り越え、今に至ります。

エステサロンから始まり、化粧品開発など、様々な美容事業を進めていく中で、「飛行機のチケットを買う」ことが人生逆転への最短ルート（P22）と思い立ち、なんのツテもないまま単身モナコに飛び込んでいって、「信用」ではなく「信頼」を積み重ねながら（P109）、大富豪たちからも学びをいただきました。

日々たんたんと暮らしながら、自分の殻を破って出たいけどどうしたらいいかわからない……と鬱屈している人は多いことでしょう。そんな方に、私のこれまでの体験を土壌にして、ゴールのその先にある「未来のあなた」を見せることで（P55）。それが私の生きがいともなっています。

「醜い野心」と「美しい野心」は別物です（P18）。「美しく稼ぐ」ことに誇りを持って（P40）、エレガントに人生を切り拓いていきましょう。

そんな素敵なあなたになるために、「ときめきの引き出し」（P38）として、この本を贈ります。

「逢いたくなる」オーラをはぐくむモナコからの言葉77　もくじ

第1章　オーラをはぐくむ言葉

第2章 自尊心をはぐくむ言葉

第3章 自分らしさをはぐくむ言葉

第4章 ご機嫌をはぐくむ言葉

第5章 謙虚さをはぐくむ言葉

世界各国からスピーカーが招かれるプレゼンテーションイベント「TEDx」（テデックス）に登壇し、「人生の美意識」に関するスピーチを。その動画は、2022年7月の「TEDx」月間再生回数世界最多を記録しました［P132］。

カメラマン、スタイリストと打ち合わせ中。

ショップのスタッフと打ちとける心地よさ。

ワインと文化のソサエティにて。パリのパーティー会場で世界の方々と交流を。

日本人のアイデンティティとしての着物で。日本文化のことを知ってもらいたいのです。

第1章

オーラをはぐくむ言葉

01

「逢いたくなる人」を考えることであなたが「逢いたくなる人」に近づいていきます

もし、あなたが友人や仕事仲間から「逢いたい」とお誘いを受けることが少なく、「ああ、私って誰からも逢いたいって思われていないんだ……」と寂しさを感じていたとしても、どうか心配しないでください。

その原因はきっと、あなた自身の性格などに問題があるわけではなく、あなたが**「逢いたくなる人」を想像できていないから。**ただそれだけかもしれません。

私は、自分が「また逢いたい」と思える人のことを常に想像し、その人たちと接していて「こうされて嬉しかったな」「あのときのユーモアは最高だったな」と感じたことを、誰かにお返ししたいと思っています。

「逢いたくなる人」の言動に近づけるように、私の中に「逢いたくなる人」をちょっとずつインストールするのです。

だからぜひあなたも、自分が考える「また逢いたくなる人」について、具体的にイメージしてみてください。周りにいる友人、職場の先輩や上司、学生時代の担任の先生、よく行くお店の店員さんなど、思い浮かべる人は誰でもかまいません。

あなたがその人たちに「なぜ逢いたくなるのか」を、紙に具体的に書いていくといいと思います。書き出し終えたら、その中であなたが真似《まね》できそうなことを考えてみましょう。全部でなくてもかまいません。毎日実践しなくても大丈夫です。あなたが「逢いたくなる人」たちからもらったものを、ほかの人に還元していくようなイメージで、少しずつ実践してみるといいと思います。

「逢いたくなる人」なら、こんなときどうするだろう？　どんな言葉をかけてあげるだろう？　そんな視点が加わると、コミュニケーションの取り方も少しずつ変わっていくはずです。そして、あなたが心を開いた「逢いたくなる人」たちのように、今度はあなたが「逢いたくなる人」に近づいていけるのです。

02

「醜い野心」と「美しい野心」はまったくの別物です

立派な肩書きや社会的地位の高さなど、権威を振りかざす人は残念ながら今の時代も少なからずいます。私もビジネスウーマンとして様々な方とのご縁をいただく中で、そうした人物と出会う機会が何度かありました。

誰も疑う余地のない実績を持っていたとしても、「権威」を軸に人生を生きている人は、地位にあぐらをかき、感謝の気持ちを忘れ、傲慢《ごうまん》になってしまいます。

かつてはたぶん、苦言を呈《てい》してくれる仲間もいたことでしょう。ですが、いつの間にか心ある友は離れていき、「裸の王様」になってしまうのです。もちろん、本人は気づくことはありません。

過去の栄光や、自分がいかに偉いかを見せびらかす人物を前にして、私は虚《むな》しさを感じずにはいられないのです。経営者やビジネスマンとして、かつてはオーラを放っていた人でさえも、**「何を土台に生きるか」で人生のルートは大きく分かれてしまう。**

権威に寄り掛かって生きる人生には「醜い野心」がつきまといます。「自慢するためだけ」に高級車を買ったり、さして愛着もないブランド品に身を包んだり。お金で買えるステータスをちらつかせたりします。

ですが、当然のことながら、周囲の人たちがそうした人物に心を寄せることはあり得ません。たとえ部下や側近であっても、周囲の目がある中では上司の「醜い野心」を恥じ、その上司が一刻も早く立ち去ることを願うことになるのです。

野心とは、身の丈《たけ》を超えるほどの「大きな望みを抱くこと」です。私は本来、野心を抱くことは、不可能を可能にする原動力にもなると思っています。ですが、権力やお金を持ったときほど、人は「醜い野心」に呑《の》み込まれやすいのです。

だから私は、どれだけ事業が成功しようとも、驕《おご》らず、群れずに、次に何を成し遂げようかと一人ワクワクと戦略を練っていくような、「美しい野心」を持ち続けていたいのです。

03

覚悟があるから友だちはいりません

友人は多ければ多いほどいい――昔から、そんな意識が根付いていると思います。しかし私が思うのは、極端な話「友だちはいらない」ということ。

そんなことを言ったら、冷たい人間だと思われるでしょうか。でも、自分が何か変わろうとしているとき、昔なじみの友人に相談をしたら、どんな答えが返ってくるか想像してみてほしいのです。

ずっと専業主婦だった私が急に「起業したい」と言ったら。語学力ゼロ、人脈ゼロの私が「モナコに住みたい」と言ったら。目の前にいる友人はきっと、「あなたにはできっこない」「危ない橋を渡るのはやめておきなさい」と返してくるでしょう。そして、「誤解しないで。あなたのためを思って言っているのよ」と付け加えるかもしれません。

私が伝えたいのは、人生に変化を起こしたい人にとって、昔からの友人のアドバイスは役に立たない、ということです。特に、広大な未来へ挑戦しようとする人間に対して、過去からの延長線上にある関係性に、未来への背中を押す答えはありません。

それどころか、相談すればするほど、気心が知れた友人の言葉に、ずるずると心が引っ張られるかもしれない。気心が知れている、ということは諸刃《もろは》の剣《つるぎ》なのです。

私は、友人のことをとても尊敬しています。だからこそ、人生を左右する大切なことを相談することは一切ありません。一度きりの人生の分岐点において、**「選択しなかったこと」を後悔することになっても、友人のせいにはしたくない**からです。

私の人生の決断に対して、友人が「NO」を突きつけてきたら、「私は私の道を行くね。あなたもどうか元気で」と、別れを告げる覚悟があります。もちろん、本当に友人と決別することになれば、落ち込むでしょうし、後悔だってするかもしれない。でも、人生の決定権はほかの誰でもない、私自身が握っているのです。そう覚悟してさえいれば、友だちが一人もいなくたって怖いことなんかありません。

04

「飛行機のチケットを買う」ことが人生逆転への最短ルート

「どうやったら、エミチカさんみたいになれますか?」

これは私がモナコに住んでからというもの、みなさんによく聞かれる質問です。

そんなとき私は、いつも決まってこう答えています。

「飛行機のチケットを買うことよ」

けっして意地悪で言っているわけではありません。**本当にそれが最短のルートであり、唯一の答え**だという信念があるからです。手取り足取り、「こうしたらいいわよ」と伝えられるのが理想ですが、私が実践してきた方法はあまりに再現性がないのです。

旅行でモナコにやって来たとき、瞬間

的に「ここに住みたい！」と思いました。どのようにしたら住めるのかを調べ、モナコで触れ合ういろいろな人にも「どうやったら住めるの？」と聞いて情報収集を行いました。そのうちの一人が、現在住んでいるメゾンのオーナー、マダム・フローレスを教えてくれたのです。

彼女が管理するのは、パレス前の特別なエリアにあるメゾン。私のようなモナコに縁もゆかりもない外国人は、本来であれば住むことができません。

ですが、あるパーティーで偶然にも彼女と直接話せる機会を得、連絡先のメールアドレスをいただくことができたのです。それなのに、私はそのメモにワインをこぼしてしまい、連絡先が読めない状態になってしまいました。

それでも一縷《いちる》の望みにかけたい私。いったん帰国して荷物を整理し、日本には戻らない覚悟でモナコに再びやって来たとき、マダム・フローレスのメゾンの前で、彼女が現れるのを待つことにしたのです。すると、幸運なことに彼女が私を見つけてくださり、そこで一度途切れたご縁を結び直すことができました。

しばらくは何気ない内容のメールのやりとりが続きましたが、少しずつ信頼してもらえているのを実感できました。もちろん、直接的ではないものの、日々の会話の端々には自分が住まいを探していることをさりげなく伝え、さらに彼女のメゾンの素晴らしさ、パレスエリアがいかに自分にとってスペシャルな場所かも伝えるようにしていました。

そんなある日、私が住まいを探していることを知っていた彼女から、「うちのメゾンに住まない?」と声をかけていただいたのです!

私がとっておきの幸運を手に入れられたのは、相手が愛するその場所を、私自身も「心から大好き」ということを、情熱を持って伝えられたこともあるでしょう。

加えて、たとえ遠回りになろうと「信頼」を得ることを優先したことも、ご縁をつなぐことができた秘訣だと思っています。

こんなふうに、私がモナコで住むことになった経緯は「偶然」の要素が大きすぎるので、「こうすればいいですよ」という無責任なことが言えないのです。

だから、唯一確実なこととして言える「私のようになる方法」は、「飛行機のチケットを買うこと」なのです。もう一つ加えるなら、**人生を変える基本は、「失敗を恐れない」こと。**この2つ以外に大切なことは、何もありません。

05

運のいい人に「依存」してもあなたの運は上がりません

どうにかして成功したいと願うとき、「人脈づくり」がその最短ルートだと考える人がいます。人とのご縁が大切なことは言うまでもありませんが、人との出会いを求めているときこそ、肝に銘じてほしいことがあります。それは、**依頼心や依存心からは、健全な人脈は広がらない**ということです。

よく「運がいい人に会えば、自分の運も上がる」と考える人がいます。あるいは、「自分は出会いがないから、運がない」と思い込んでいる人もいます。私は、いずれも違うと思っています。

他人の運はその人だけのもの。近づいたところで自分の運にはなりません。それどころか、「成功している人の運に便乗すれば自分もうまくいく」「あの人が言っている道筋を通れば自分も成功できるに違いない」——そうした依頼心を胸に秘めたまま人と付き合っても、本当のご縁を結ぶことはできません。成功者というのは、そのような他者からの依頼心や依存心を、見抜く力を持った人たちでもあるからです。

神頼みも同じことが言えるかもしれません。よく、運気を上げたいと神社に熱心に参拝する人がいます。考え方はいろいろあると思いますが、私にとって神社は「今生かされていることを感謝しにいくところ」です。いくら神様とはいえ、自分の願いを一方的に聞き入れてほしいというのは、やはりおこがましいと思ってしまうのです。

人脈とは、お互いに支え合える人間関係のネットワークです。頼るだけ、頼られるだけの関係性では、たとえ一瞬はご縁の糸がつながったとしても、すぐにプツンと音を立てて切れてしまうでしょう。

成功への最短ルートは、結局どこにもありません。自分のことを自分で決断し、精一杯その責任を全《まっと》うする。そうすれば、誰かから分けてもらわなくても、運はついてきてくれます。人脈とは、そうした地道な生き方こそがもたらしてくれるものです。

06 インプットとアウトプットをくり返すことがオーラをはぐくみます

意識を高く持って勉強会や講習会に参加したのはいいものの、参加して「終わり」になってはいないでしょうか。

世の中のビジネスマンを見渡してみても、「インプット」に励む人はたくさんいます。自らセミナーに申し込み参加して、学びを得て知識を蓄《たくわ》えることが人生の糧《かて》になることは間違いありません。

ただ、どうせ参加するのなら、さらに**攻めの姿勢でインプット**してみるのはいかがでしょうか。セミナーや講習会では、そそくさとうしろの席に位置取りする人も多いですが、せっかくなのですから、最前列に座って講師の表情やテクニックまで読み取ってみるのです。

インプットを行うとき、私は何を学ぶかよりも、「何を感じるか」を重視しています。だから自分が勉強会に参加するときは必ずメモを取りながら、講師が伝えた言葉に対して「自分が感じたこと」も必ず書き留めておきます。

その場で感じたことと得た学びは、家に持ち帰ったあとに「アウトプット」を行って、「自分なりの考え」を添えていきます。すべて講師の言われるがまま鵜呑《うの》みにするのではなく、「こうは言っていたけれど、私ならこう考える」という意見をメモに書き出していくのです。

感じ、学び、考える。私の中での学びとは、この一連の流れをセットで行うことです。**インプットしたものは、そこから自分が感じ、考えたことと必ずセットでメモに書き起こす**ことで、学びが自分の中でより定着します。と同時に、「ただ教わっただけの他人の言葉」も、「自分で感じて考えた自分の言葉」に昇華させることができます。一夜漬けでは、オーラは作れません。自分だけの思考を重ねた末に醸《かも》し出される説得力こそが、オーラの源流なのです。

07

人生を前に進めてくれるのは「破壊」と「再生」です

人間は不安を感じる生き物です。ビジネスのシーンでも、「前例」や「過去の実績」が安心できる数字だった場合にだけゴーサインが出る。そうした光景をよく目にします。未来に「確実な根拠」はありませんから、過去に根拠を見出すのは、妥当で安全な方法にも思えます。

ですが、私がモナコに住み始めて目にしたのは、そうした「前例」がまったく当てにならないような現実でした。

たとえば、日本で喫茶店を出店しようとした場合、コーヒー１杯の価格はいくらくらいが妥当でしょうか。他店舗の価格も参考にしながら、６００円前後がほどよく、1000円を超えたらちょっと高い……などと考えると思います。ですが、100万ドル以上の純資産を保有する「ミリオネア」が人口の3分の1を占めるモナコでは、コーヒー1杯が100万円で売られていてもまったくおかしくありません。大袈裟な表現ではなく、それがモナコという国なのです。

以前、セレブもお忍びでやってくると評判の星付きレストランに一人で行ったときのことです。そのレストランは地中海の碧い海が見渡せる素晴らしいロケーションに立地し、ガストロノミックな料理は、味はもちろん見た目にも美しく、私はとても幸せな気持ちに包まれました。せっかくならワインも楽しんじゃおう！　と気が大きくなった私は、ワインリストを見せてもらうことに。

しかし、ワインリストを開いた私は思わず目を見開きました。そこには、

・ROMANÉE CONTI Grand Cru 2000/2600€（ユーロ）

の文字。今の日本円に換算するとなんと、ボトル1本で約430万円！

浮世離れした価格に逆に楽しくなってきた私は、なぜかワインリストを笑顔でまじまじと眺めていました。

そんなとき、やけにご機嫌な私に興味を持ったのか、隣のテーブルで食事をしていた熟年のご夫婦が「よろしければ1杯いかが?」と声をかけてくださいました。そしてなんと、４３０万円のロマネコンティを１杯ご馳走してくださったのです。

こうした出来事は、日常のあちこちで起こりました。日本で暮らしていた私の「常識」は、もはやモナコでは通用しません。私がモナコで経験すること、そのどれもが、私の人生の「前例」にはない出来事ばかりだったからです。

常識や固定観念が覆《くつがえ》される出来事に遭遇すると、人は少なからず恐怖や不安を感じるものです。「今までのやり方」が通用しなくなり、「新しいやり方」を自分で探さなければならないからです。

モナコに来てからの私も、**自分の常識と固定観念の「破壊」をくり返し**ながら、人生の歩き方を模索する日々が続きました。そんな中で、モナコに暮らす富豪たちと交流を重ねるうち、乾ききった土地に雨水が染み込んでいくかのように、新たな価値観を吸収していったのです。

私にとって**「破壊」と「再生」は、人生を未来志向で生きるための最重要ワード**です。女性だから、結婚しているから、子どもがいるから、専業主婦だから、語学ができないから——。自分で自分をしばり付けていたありとあらゆる条件を頭の中で破壊して、「〝私〟はどうしたいか」を考えた結果、「私はモナコに住みたい」という夢を実現することができました。

そうして新たな環境下で自分の価値観が再生されていく中、私には新たに「パレス前に住みたい」「モナコを拠点にビジネスウーマンとして活躍したい」という願望が芽生え、その願いも叶《かな》えることができました。

新天地で再生した〝私〟という土地に、自分が思い描いた花を咲かせることができたのです。

破壊には膨大なエネルギーを要します。でも、変化を恐れない覚悟さえ持っていれば、破壊と再生は何度だってくり返せます。

私がもし、「今よりもっと広い世界で羽ばたきたい」と願うときがきたら、モナコでの日々に思いを馳せながらも、再び〝破壊〟ボタンを押すはずです。

08

すべてを「よし」に変えていく「一人オセロ」のすすめ

一人で海外に住むということは、語学がよほど堪能《たんのう》なのね、と思われることがあります。ですが、私の語学力は「飛び込んでから」身につけるのがいつものこと。中国でビジネスを始めたときも、まずは飛び込んでみてから、少しずつ身につけていきました。

モナコの公用語はフランス語ですが、近い国のイタリア語や、英語もそこかしこから聞こえてきます。もちろん、私が住み始めたときには、フランス語はほとんどしゃべれないどころか、日常会話の聞き取りすらも危うい状態でした。

ですが、「語学を学んでから住めばよかった」と後悔したことは一度もありません。流暢《りゅうちょう》なフランス語を話せれば、もちろん日常生活の不便さは軽減したでしょう。でもその代わり、もっと大切な「チャンスのしっぽ」は確実につかみそこねていたとも思うのです。

自分に巡ってくる幸運は、こちらの都合のいいタイミングで訪れてくれるとは限りません。だから、**私の優先順位はチャンスにすぐに手を伸ばすこと**です。チャンスがしっかりつかめたのなら、それ以外は準備不足だろうとなんだろうと、すべて「よし」と考えるようにしています。

フランス語はモナコに来てからコツコツ勉強していますが、そうすぐに上達できるわけではありません。でも、くよくよ悩んでいたって仕方がないことです。今は便利になったもので、スマホの翻訳アプリを使って会話することだってできますから、たいして大きな問題ではありません。

言葉が通じづらいせいで、オーダーしたものと違うメニューが出てきても、怒ったり落ち込んだりするほどのことでもありません。「注文とは違うけれど、これも美味しそうじゃない？」といった具合に、なんでも「よし」に変えてしまいます。

自分では解決できないことや問題が起こったとき、「なんでわかってくれないの？」

「なんで自分だけがこんな目に遭うの？」とマイナス感情になっても、結局イライラが募《つの》るだけです。いくら考えたところで解決できないことは、考えるだけ時間のムダ！　そんな割り切りも時には必要です。

オセロの石を一人でひっくり返していくように、自分が白なら、黒い石も白にパタパタと変えていけばいい。**自分に起こったことのよしあしを決めるのは自分**なのですから。

「一人オセロ」に慣れてくると、大概のことは「よし！」に思えてきますし、他人に対しても寛容になれます。そうやってご機嫌でいられる時間が増えることで心にも余裕が生まれ、新たな出会いを結ぶご縁やチャンスも、必然的に増えていきます。

語学もできない、パートナーもいない女性一人の海外暮らしは、はたから見たらとてつもない苦労を伴っているように見えるかもしれません。でも、私は「よし！」が平常運転なので、「今自分が持っていないもの」を気に病《や》むことはありませんし、苦労を苦労だとはちっとも感じていないのです。

09

人に会うときに「目的」を持たなくていい

人に会いに行くとき、**明確な「目的」や「用事」がないといけないなんてルールはありません。**それなのについ、「忙しい中で時間を作ってもらうのだから、目的を伝えないと失礼よね」と考えすぎて誘えなくなったり、逆に「会いたいっていうけれど、なんの用事なのかしら」と訝《いぶか》しがったりすることがあります。

ビジネスマンになると、誰かに会いに行くときは必ずアポイントメントを取り、用件を伝えてからでないと会ってくれないことがほとんどです。だから、迷惑をかけたくない、負担をかけたくない、嫌われたくない……そんな思いから、プライベートでの「逢いたい」という連絡にも、いちいちためらってしまうのでしょう。

アポイントメントは確実に会える方法に見えて、じつはそうでもなかったりします。私がモナコで、パレス前のメゾンを持つマダム・フローレスにパーティーで出逢えたのも偶然ですし、メゾンの下で彼女を待っていたときも、アポなしでした。

多くの人とつながっているメゾンのオーナーの彼女には、王道的に「あなたのメゾンに住みたい者です。よろしければお会いできませんか?」と言ったところで不審がられていたでしょうし、忙しくて無理、とはっきり断られていたと思います。私のパッションからの行動に心動いたのでしょう。

マダム・フローレスの存在を最初に私に教えてくれたのも、モナコ旅行の際の、一期一会の出逢いからもたらされた情報でした。

これらの行動には、正確に言えば「モナコに住みたい」という私の願望は根底にありましたが、「モナコに住みたい私に家を紹介してください」という明確な目的で会いに行ったわけではありません。**逢いたいと思った人に会いに行き、話をしてみる。話を聞いてみる。**私の第二の人生は、すべてがそこから始まっているのです。

10

いつかあなたを助けるのは「ときめきの引き出し」です

目標は、何がなんでも達成しようとするのではなく、その都度アップデートすることが大切です。ただ、時にその目標自体が「ボツ」になってしまうこともあります。

自分がやりたいことがわからなくなり、進むべき方向を見失ってしまわないように私がおすすめしたいのは、**自分だけの「ときめきの引き出し」**を用意しておくことです。

この、開けてみたくなる引き出しは心の中にあります。

「こういうことができたらハッピーだろうな」

「こういうものがつくれたら素敵だな」

と思うものを、イメージとして引き出しの中にしまっておきます。目標シートのように、きっちり紙に書き出さなくても大丈夫。むしろ、頭の中だけであれやこれやと妄想を膨らませるほうが、自由に発想することができるでしょう。

そして、「ときめきの引き出し」の容量は無限です。だから、やりたいこと、好きなことをできるだけたくさんしまっておくことをおすすめします。

目の前のことに煮詰まったときにはパッと引き出しを開けて、「じゃあ今はこっちをやってみようかな」とすぐに動き出せるようになりますし、別々の引き出しにいれておいた好きなもの同士を組み合わせて、新しいアイデアを思いつくこともできるでしょう。

ただ、自分の「ときめきの引き出し」を開けても何も入っていないようなら、今は感受性がお休み中なのかもしれません。

そんなときはまず仕事を詰め込むのをやめて、感受性を働かせるところから始めてみましょう。自然の中でゆっくり過ごしたり、誰かとコミュニケーションをとったりして、まずはときめく気持ちを取り戻してみてください。

11

「美しく稼ぐ」ことに誇りを持ちましょう

私が大好きな国の1つに、モロッコがあります。アフリカ北西端に位置するモロッコは、サハラ砂漠に代表される圧倒的な自然風景や、迷宮都市ともいわれるフェズ旧市街などの歴史都市、そしてカサブランカなどの近代都市が融合し、いろいろな顔を併《あわ》せ持つ国です。

そんなモロッコを旅した際、マラケシュ旧市街地にあるジャマ・エル・フナ広場で出会ったのは、**「稼ぐとは何か」**を考えさせられる光景でした。

フナ広場は、もともとは公開処刑場として使用されていたそうですが、中世からは市場や様々なイベントが開催される広場として愛され、２００９年には世界無形遺産に登録されています。

軒《のき》を連ねる露店と買い物客、そして大道芸人や観光客がひしめき合うこの場所は、「世界一賑やかな市場」と表現されるほどの熱気に満ちています。

そんなフナ広場を散策していると、生鮮食品や衣料品を販売する露店や、食べ物を売る屋台はもちろん、何に使うのかわからないような竹細工を売っている人、これまたいったい何の役に立つのかわからないような、針金を曲げただけの道具を売っている人もいます。

かと思えば、少し歩くとヘビ使いや、猿回しを披露する大道芸人もいます。フナ広場はまさに十人十色のビジネスが垣間《かいま》見える「個人商店の見本市」のような場所なのです。

広場の商人たちはみな、各々の軍資金や懐《ふところ》事情に合わせてオリジナリティのある商売を営み、たくましく稼いでいました。そんな姿を見た私は、「美しく稼ぐ」とはこういうことなのだと感動したのです。

「稼ぐ」ということは、自分の能力との対価交換です。能力が高いかそうでないかにかかわらず、**自分の力で稼いだお金は均しく「美しいもの」です。**

はなから誰かにお金を恵んでもらおうとしなくても、竹ひご1本あれば、針金1本あれば商品を作って商売ができるのです。

私には、フナ広場で商売をする人たち全員が、自分の力で「稼ぐ」ことを誇らしく思い、自分で選んだ商売に誇りを持っているように見えたのでした。

現代社会に生きる私たちは、「稼ぐ」ことに対してあまりにも潔癖《けっぺき》で、難しく考えすぎなのかもしれません。スキルを身につけないと置いて行かれてしまう、リスキリングしないと生き残れない。そんな焦燥感が常につきまとっています。

ですが本当は、焦る必要なんてないのかもしれません。

少なくとも、私がフナ広場で出会った商人たちを見ていると、自分が今持っている能力を最大限活かすことで、誰もが誇りを持って稼いでいました。

自分が持っていないものを数えて不安になるより、今持っている能力を使いこなす。それで十分なのではないでしょうか。あらゆることが複雑になりすぎた現代だからこそ、私はフナ広場で出会った「美しく稼ぐ」商人たちのことを、けっして忘れず心に留めておきたいと思っています。

12 みんな「HOW」を聞いてくるけれど答えは「FEEL」です

モナコの宮殿前に唯一暮らす日本人として、私はみなさんから「どうやったらモナコに住めるのですか?」と質問をされます。

ですが、正直にお話しすると、「私にもわからない」のです。

もちろん、細かな手続きや居住条件などは、ネットで調べればたくさん出てきます。でも、本当に大切なことは、ネットで知ることはできません。

私がノウハウをお伝えすることができないのは、**「HOW」ではなく「FEEL」で行動してきたからです。**語学もできない、モナコの人脈もゼロ、それなのに住むことに踏み切った――。あまりにも再現性が低くて、どう考えてもＨＯＷを答えられないのです。

ただ１つ言えるのは、モナコに暮らしたい、レッドカーペットや舞踏会に参加したいと本気で願うのなら、まず何より「現地に足を運び、肌で感じてみる」ことが、実現への最短ルートだということです。

マーケティングでは、知りたい場所に足を運んで現地調査をしたりしますが、それと近い感覚かもしれません。ネットでどれだけ情報を漁《あさ》ろうと、行った人の話を聞こうと、「百聞は一見にしかず」なのです。

起業家に「どうしたら起業できますか？」と尋ねても、人によっては「役所に開業届を出せばいいんだよ」と言われておしまいでしょう。私も、そうした「ＨＯＷ」を聞くことには、あまり意味がないと思うのです。

方法論を尋ねるというのは、知りたいことを手っ取り早く知ることができる最短ルートのように見えますが、じつはもっとも遠回りしていると感じます。

夢の実現が確実にスピードアップする方法があるとするなら、**自分で足を動かして現地に行き、その目で確かめること。**自分の感覚を信じて、「ＦＥＥＬ」を最優先にすること。この２つしかないと思っています。

13

あなたが乗った列車が発車していればその陰口は聞こえません

人と違う選択をすると、誰かに陰口を言われることもあります。面と向かって直接言われることはめったにありませんが、「あの人がこう言っていたわよ」と、親切なのかおせっかいなのか、わざわざ教えてくれる友人やご近所さんがいたりします。

陰口を言っていたのが、仲がいいと思っていた人であれば、なおさらショックが大きいかもしれません。そして、周囲の目を気にするあまり、言動もだんだん縮こまっていってしまいます。

私は三重県の出身で、実家では祖母と父が会社を経営していました。そのため、家では小さい頃からしつけが厳しく、

「ご近所さんや世間様が見ているから、いい子でいなさい」と口を酸《す》っぱくして言われていました。

結婚した夫は、地元の眼科医。私はそこでも、いい妻、いい母を演じることに必死になりました。人生が１００年あるとしたら、半分は「人目を気にする人生」を送ってきたように思います。

しかし、医師であった夫が急逝し、私自身の人生を歩む必要に迫られたとき、今までの自分の中の常識をすべてひっくり返さなければなりませんでした。病院を閉院して、子どもたちも育てていかなければなりません。**人目を気にしている余裕なんて私にはない。**いちいち過去を振り返っていては、あっという間に人生が「詰んでしまう」と感じていたのです。

夫が亡くなり、がむしゃらにひた走っていたときに、ふと気づいたことがあります。それは、過去を振り返らず常に未来志向でいることで、周囲の「陰口」が耳に入らなくなったことです。

私が乗って動かしている人生の列車は、陰口を言う人たちがいた駅をいつの間にか発車していて、その声の届かないところにまで来たのだ。そう実感しました。

無謀な挑戦をしようとするとき、常識はずれの道を歩もうとするとき、はじめは周囲の人たちの声が胸に刺さるかもしれません。「なんてことをしようとしているの?」「旦那さんや子どもがかわいそう」「絶対に成功できっこないのに」——。

それでも、**あなたはあなたの列車に迷わず乗り込んで運転してほしい。**荷物を全部詰め込めなくても、誰一人見送りに来なくても。

その列車は人生で一度きりしかやってこないかもしれない。今を逃したら、もう二度と乗車券を手にすることはできないかもしれない。そう考えてみてほしいのです。

あなたが動かす列車は常に前に進み続けます。列車が出発してしまったら、あの煩《わずら》わしい陰口が、あなたの耳に届くことはすっかりなくなるのです。

14

「体の細胞まで活性化させてくれるような人」が私が逢いたくなる人

強運を持つ人というのは、「また逢いたくなる」ような、不思議な魅力を携えている人が多いものです。

それはお金持ちかどうかということは関係ありません。逆境にめげない明るさであったり、人をやさしく包み込む寛容さであったり、人それぞれで思い浮かべる「また逢いたくなる人」は違うことでしょう。

私は幸いなことに、一度お逢いした方からあらためて「またお逢いしませんか?」と言っていただく機会も多く、人とのご縁に感謝する毎日を送っています。

ですが、私がそう言っていただけるのは、私だけの力ではありません。今までお逢いしてきた、私が「また逢いたいな」と感じた素敵な方たちを参考にして、その方たちに少しでも近づけるよう、心の芯を装っているからなのです。

私が「また逢いたいな」と感じる人は、明るくて元気をくれる人、愉快な話で周囲を楽しませるユーモアのある人、モチベーションに火をつけてくれる人、知的好奇心を刺激してくれる人……総じて、**「近くにいると私の細胞が活性化するような人」**です。

すべての要素を漏れなく兼ね備えることは私にはできませんが、一人ひとりから感じ取った素晴らしいポイントを１つでも２つでも実践していくと、驚くほどに人とのご縁が広がっていくのを実感します。

運のいい「逢いたくなる人」の近くにいてオーラを分けてもらおうと考える人もいますが、**他力本願の人はオーラもありません**し、運もやって来てはくれません。

たくさんの人に積極的に逢いに行き、自分にはない価値観や考え方、強さや明るさ、博識さや聡明さに触れて感化され、自分が持つ個性と一緒に磨き上げることで、自分にしかまとうことができない「逢いたくなるオーラ」が醸成されていくのです。

15

感情で「爆破」すれば再起不能になってしまいます

未来志向で生きるためのキーワードは「破壊と再生」です。これまでの常識を壊し、新たな価値観をインストールする。自分が歩んできた人生、培《つちか》ってきた人間関係、築いてきた地位や実績を手放す――。

常識や固定観念の破壊は、並大抵のエネルギーでは実行できません。だから、「暴走」にはくれぐれも注意してほしいのです。

破壊は使い方を間違えれば、一瞬にして周囲を焼け野原にし、自分も無傷ではいられない危険性を伴います。自分だけならまだしも、一歩間違えれば、周りにいる人たちも巻き込んでしまう可能性だってあります。それほど膨大なエネルギーを要するものなのです。

特に気をつけてほしいことが２つあります。
・思い込みに左右されないこと
・怒りなどの感情に乗っ取られないこと
この２つは、せっかく広い世界に羽ばたこうとする翼をへし折りかねない、危険な行為です。

まず、「思い込みに左右されないこと」というのは、誰かの言葉を鵜呑みにして、周りを顧みずに暴走してはいけない、ということです。たとえば、私の本を読んでくださったあなたが、「私もモナコに住みたい！」と思っても、エミチカの真似をすればいいんだ、という思い込みは捨ててください。歩んできた人生、大切にしているもの、周囲にいる人たち、感受性……そのすべてにおいて、私とあなたは同じではないからです。

誤解してほしくないのですが、これは突き放しているわけではありません。逆もまた然《しか》りで、**私はあなたの人生を絶対に真似できないのです。**

自分には自分の人生があり、それは唯一無二のもの。その譲れない誇りこそが、破壊を正しい方向に導いてくれます。誰かの成功譚やノウハウは、ほんの少しのヒントにすぎません。自分の人生の舵《かじ》取りは、自分の感性に従って行うからこそ、正しい方向へと導かれるのです。

「怒りなどの感情に乗っ取られないこと」は、思い込みに左右されないことよりもさらに重要です。変わりたいのは自分自身であり、周囲の人たちを変えてしまうわけではありません。たとえ自分の思いに周りが賛同してくれなくても、それが当たり前の反応だと割り切りましょう。

それに、これまでの自分の常識を破壊するということは、その両手で自分のすべての責任を担《にな》うことでもあります。変わりたいのに変われない怒りや苛立ち、絶望は自分に向けられることはあっても、他者に向けるべきものではありません。

ドロドロとした感情が心の中に巣くってしまえば、オーラもどんどん濁っていき、種を蒔《ま》いても花が育たない荒れ地になってしまいます。

自分の中に芽生えた変革のパワーは、使い方次第で大輪の花を咲かせることもできれば、不毛の大地に変えてしまうことだってあります。

責任は全部自分自身にある。どうかそのことを肝に銘じて、凛《りん》とした姿勢で破壊に挑んでください。

16

オートマチックに答えを求めず「感覚」を研ぎ澄ませて

職人と呼ばれる人たちは、何年もかかって技を習得していきます。その過程では手取り足取り、ノウハウを伝えてもらえるケースはほとんどありません。先輩である一流の職人たちの技を観察し、肌で感じ取りながら、自分も試し、失敗して、数年かけて徐々に自分のものにしていきます。

長い修業期間を要する職人の世界は、簡単に後戻りができません。そんな理由からか、修業期間はもっと短くていい、修業は要らないという意見もＳＮＳでは見かけます。しかし、ノウハウを学ぶのではなく、**感覚を研ぎ澄ませることで作り出される豊かな世界観**は、これからもっと重視されていくのではないかと私は思っています。

今世の中は、あまりにもノウハウに頼りすぎていて、オートマチックに正解を求めることに慣れすぎていると感じます。

どんなことだって、ネットで検索すれば「それらしい答え」がすぐに見つかります。ただし、それが「本当に正解か」まで確かめる人は、そう多くありません。

オートマチックな答えをすんなり受け入れ、すいすいと人生を泳げているうちはそれでもいいでしょう。ですが、自分の感覚から導き出した答えでないものは、一瞬のうちに脆《もろ》く崩れてしまうことがあります。自分で思考し、自分の感覚で選んだ答えではないため、「どう対処すればいいか」もわからないままです。

一方、職人のように長い年月をかけて感覚を培った人は、いつでも自分なりの答えを探し当てることができます。そうした鋭い感覚は、**不透明な時代を生き延びる力**となり、時流を読む嗅覚となります。これから私たちに求められる力とは、ノウハウを遂行する力ではなく、そうした**「感覚で答えを導き出す力」**ではないでしょうか。

世界を代表するメゾンも、100年以上続く老舗店も、職人たちの研ぎ澄まされた感覚が土台にあるからこそ、時代に淘汰《とうた》されることなく続いているのだと思うのです。

17

私の仕事は ゴールのその先にある 「未来のあなた」を 見せること

私のビジネスの礎《いしずえ》が出来上がったのは、エステティックサロンを経営していたときのことです。オープン時は、内装にもこだわり抜き、素敵なお店ができたと喜んでいましたが、肝心のリピーターのお客さまがなかなか定着してくれません。

働いてくれているエステティシャンの技術は申し分なく、美容機器も最新のものを取り揃えていましたが、経営状況は悪化の一途をたどるばかり。あれこれと試行錯誤をくり返すなかで、原因は「カウンセリング」にあることに気づきました。

エステサロンはもちろん、お客さまを美しくする場所です。しかし、お客さまが求めているのはそれだけではないと気づいたのです。

お肌をきれいにしておしまい、何キロ痩《や》せたらおしまい、ではなく、お客さまはきれいになったその先の「未来」が見たいのです。

つまり、エステサロンで私たちがお手伝いしているのは、お客さまをゴールに導くことではなく、**お客さまが想像する未来の「スタート地点」に導くこと**です。

「美しくなったら、どんなことがしたいですか?」「減量が実現したら、どんな目標を立てますか?」

カウンセリングでお聞きするのは、お客さまが思い描く「きれいになったあと」の未来。お客さま自身が明るい未来を描き、自分自身で目標を立てられれば、施術中だけでなく、日常生活に戻ってからも、自分のための努力を続けることができます。

「変わりたい」のその先にある、「変わったあとの自分」がどんな人物像で、どんな人生を送っているのか。そのビジョンを描くサポートをするのがエステサロンの役割だと気づくことができました。

ゴールの先の未来を見せる——。これは、私が女性の起業家をプロデュースする上で大切にしていることであり、あらゆるビジネスにも通じるものだと感じています。

第2章

自尊心をはぐくむ言葉

18

パーティーで〝ぼっち〟になったらむしろチャンス到来です

私は経営者として様々なパーティーにご招待いただくこともあれば、自らパーティーを主催することもあります。ビジネスの情報交換を行う懇親会だったり、モナコのセレブリティが集まる「薔薇の舞踏会」のようなチャリティーイベントだったりと、パーティーの内容は多岐にわたります。

こうしたパーティーに対して、苦手意識を持つ人は少なくありません。知り合いが少ない中、自らコミュニケーションを取りにいかなければならない環境に「居心地の悪さ」や「心もとなさ」を感じる人が多いからです。

私が出席するパーティーでも、日頃か

ら交流のある取引先や顔見知りを見つけてはグループで固まり、パーティーのあいだじゅう、ずっとグループの中だけでおしゃべりをしている人たちをよく見かけます。いつの間にか、会場はひとかたまりのグループがいくつも出来上がっている状態になり、「いつもの顔ぶれ」で「他愛のない雑談」をするだけの場になっている光景も珍しくありません。

パーティーに「居心地の悪さ」を感じているのは、そうした輪の中に入れない人たちなのだろうと思います。

でも、もしあなたが「居心地の悪さ」を感じている側の人間だとしたら、それは素晴らしいご縁を引き寄せるチャンスなのです。

パーティーでぽつんと一人でいることは、けっして恥ずかしいことでも、浮いてしまうことでもありません。自分の貴重な時間を使って出席したパーティーを有意義なものにしたいと思っている人は、たとえ顔見知りがいても軽い挨拶だけで済ませて、むしろ、**初対面の人と積極的にコミュニケーションを取ろうとする**からです。

一人でぽつんと佇んでいる人は、そうした新たなご縁を求める人から話しかけられやすいのです。

グループで固まっている人たちは、自分が輪の中から振り落とされないようその場しのぎの会話に必死で、輪の外にいる人たちにまで注意がおよびません。話しかけようにも「ここに立ち入るべからず」といわんばかりの雰囲気を漂わせているため、せっかくのパーティーなのに、新たな出会いが広がることもありません。

だから、もしあなたに立派な肩書きの名刺がなくても、取り巻きがいなくても、けっして臆することはありません。その場を目一杯楽しもうとする好奇心さえあれば、誰かが必ず目を留めて声をかけてくれます。

パーティー会場でもし**〝ぼっち〟になったとしたら、あなたに最高のチャンスが到来した**ということ。穏やかな笑顔で近づいてくる人がいたら、背筋を伸ばして笑顔で挨拶を交わしましょう。新たな物語が始まる扉の鍵を、その人が握っているかもしれないのですから。

19

「ちょっと覗いてみたいな」という好奇心を潰さない

直接自分のビジネスとは関係のなさそうな場所や催しでも、少しでも「楽しそう！」「覗いてみたい！」と好奇心が働いたら、私は必ず赴《おもむ》くようにしています。たとえそれが、「初めて参加する」「慣れていない」パーティーやイベントだったとしても、フットワークが変わることはありません。

私自身はヨットを操縦する免許はありませんが、ハーバーでやっている「富豪向けのスーパーヨットの国際的エキシビション」なんて聞いたら、なんだかちょっと気になりますよね？　自分が買うわけではないから関係ないかな、なんて考えが頭を一瞬よぎりそうですが、それは経験としてもったいないこと！　普段は入れないヨットクラブがこのときはオープンになっていて、その会場で、世界初公開の圧倒されるようなゴージャスなヨットを目の当たりにしているだけで、幸せな気持ちになってくるのですから。

私が、少々格式が高い場所や催しに参加するときに大切にしているのは、「知らないことを知りたい」という好奇心を潰さないことです。

初めて参加するイベントや社交の場は、雰囲気もお作法も事前に知ることはできませんし、誰かに聞くのも気が引けます。ですが、**心が「行きたい！」と少しでも囁《ささや》くなら、私は迷わず「行く」ほうを選びます。**「場慣れ」という言葉があるように、初めての場所では肩身の狭い思いをしたり、恐縮したりして、思い切り楽しめないこともあるでしょう。ですが、私の経験上、そんな居心地の悪さなんて、初めて目にする新たな世界へのワクワク感が、あっという間に上書きしてくれます。

冷静に考えてみれば、どれだけ華やかな催しにも、自分と同じように「初めて参加する」人はいるはずですし、その人もじつは好奇心の声を聞いてやって来たのかもしれません。だから、「場慣れしている」必要はありません。むしろ、「慣れていない」からこそ刺激される好奇心をフル稼働させて、全力で楽しみ尽くせばいいのです。

20

魅力的に見られたいと思うことはいけないことではありません

みなさんは、フランスのエマニュエル・マクロン大統領の妻、ブリジット・マクロンをご存知でしょうか。ブリジットは夫よりも24歳年上。教師として働いていた頃、当時教え子だったエマニュエルと恋に落ち、エマニュエル29歳、ブリジット53歳のときに結婚。当時は国民から非難の声も上がりましたが、二人の変わらぬ愛とブリジットのエレガントな振る舞いに、次第に国民も惹きつけられていきました。ミニスカートもかっこよく着こなすブリジットは、現在70代。今でも二人の愛は変わりません。

ブリジットから私が学んだのは、自分がいくつであろうと、魅力的に装うこと、ときめきを感じることにタブーはない、ということです。

年下の男性と付き合いましょうとか、伴侶がいても大いに恋愛を楽しみましょう、と言いたいわけではありません。

私たちはどうしても、年齢という見えない鎖に自分をしばってしまう癖があります。「年甲斐《としがい》もなく」「いい歳なのに」、そんな呪いの言葉たちが、「女性として魅力的に見せたい心」を奪ってしまう。でも、そんな言葉はもう捨ててしまっていい。そんなことをブリジットから教わった気がするのです。

私はモナコに来てからというもの、**日常の何気ない瞬間にときめきを感じています。**ボーイフレンドと呼べるパートナーはいませんし、モナコの友人たちもみんな結婚しています。ですから、特定の男性とのスペシャルがあるわけではありませんが、自宅の玄関を開けて街に出ると、モナコはときめきのオンパレードなのです。

たとえば、信号の少ないモナコでは、歩行者がいると車は必ず止まり、道を譲ってくれます。そんなとき、運転席にいるムッシュは必ず、「マダム、お先にどうぞ」とでも言わんばかりの微笑みを浮かべながらゆっくりと車を待機させています。そのスマートな振る舞いは、まるで映画のワンシーンのよう！　そんなふうにモナコでは、紳士的なムッシュたちの微笑みに遭遇する確率がとても高いのです。

ほんの一瞬の出来事だとしても、ムッシュの微笑みに出会えた私の1日は、パッと華やいだものに変わります。

ささやかなときめきを感じることは、日常に彩りを添えるポジティブワーク。だから街へ出るときには、ワンマイルウェアのようなラクチンでラフな格好ではなく、ちょっとだけおしゃれをしています。

ほんの一瞬の出来事であっても、**魅力的な女性としてムッシュに微笑みをお返ししたい**からです。

いくつになっても魅力的に思われたい。そんな本音を隠して生きているとしたら、それはとてももったいないことです。

21

アプリの加工を通して世界を見るのをやめましょう

モナコ公室主催の「薔薇の舞踏会」（Ｐ75）に出席したときのエピソードをお話しさせてください。

２０２４年に開催された舞踏会には、私がプロデュースしている日本人の女性起業家と、未来を変えたいと思っている女性たち5名も一緒に参加させていただきました。

私も初参加の際には、世界じゅうからセレブリティが集まる華やかな雰囲気に呑まれそうになったものです。

5名の女性たちも、会場の空気に気圧《けお》されているうちは、スマホで自撮りをしたり、より美しく見えるアプリでお互いに記念写真を撮ったりしていましたが、次第にその場に慣れてくると、セレブたちが一堂に会するその非日常の空間を、肌身で感じることを楽しんでいるようでした。

誰かがすぐうしろで雑談していると思ったら、じつは舞踏会のアートディレクター、クリスチャン・ルブタンとモナコロイヤルズが話していた、ということもあり得るのが、この舞踏会なのです。

はじめはスマホを握りしめていた5名の女性たちも、そんな場所に「自分が実在する」こと自体を、徐々に味わえているようでした。

「誰かに見せるために加工された写真」をたくさん撮っても、自分の品格やエレガントさが磨かれることはありません。相手の言葉の投げかけ、アイコンタクト、間合い――。そうしたものを、実在する自分の感覚を研ぎ澄ませて敏感に感じ取ることで、少しずつ研磨されていくものだからです。

実在する自分には、美肌機能も、瞳を大きく加工する機能も適用されません。生身の相手と自分の間には、どんな高性能なフィルターも使うことはできないのです。

22

「お金がない」が口ぐせの人は「自分の価値」を再考して

世間話ではしばしば、「お金」に関することが話題に上ります。そんなとき、こんな嘆きを耳にすることはないでしょうか。

「私ったら全然お金がないのよ」
「ほら、うちはお金に余裕ないからさ」

そんな嘆きを聞くたびに私は、失礼ながら**「自分には稼ぐ能力がありません」と宣言しているようなものでは？**　あなた自身を貶めてどうするの？　そんなふうに思ってしまうのです。

いつも「お金がない」と呟いている人の中には、本当に生活に困窮している方もいらっしゃるでしょう。私も、夫が亡くなってから巨額の負債を抱えていたので、その切実な気持ちは痛いほど理解できます。

ですが、じつは生活に困窮するほどではないけれど、ただたんに「お金がない」が口ぐせになっている人も見受けられます。

お金とは、主に働くことで得られるものです。仕事をし、何かを作り出したり、誰かの役に立ったりすることで得られる対価です。

いつも「お金がない」が口ぐせの人は、「自分が求めるほどの対価を得られていない」「会社に認められる働きができていない」と、自らの能力のなさを言いふらすようなものだと思うのです。

社会状況、企業の経営状況、業界ごとの平均賃金、就いている仕事、働いている職場の環境、上司との相性……自分が望むほど収入が上がらないのは、もちろん人によっていろいろな背景があると思います。ですが、「お金がない」が口ぐせになってしまうと、「自分の能力を周囲に認めさせてやる！」という野心も、「本当に好きなことをして稼いでやる！」という志も、どんどんしぼんでしまいます。「お金がない」という言葉を自分自身に言い聞かせることで、**「お金がない」状態を甘んじて受け入れている**ことになってしまうからです。

生活していくお金には困っていなくても、「お金がない」と折に触れて周囲に漏らすことで、妬《ねた》まれることも、叩かれることもない。そんな側面もあるでしょう。「出る杭《くい》は打たれる」日本では特に、知らず知らずのうちに体に染み付いている謙虚さなのかもしれません。ですが、それは「行きすぎた謙虚さ」とも言えるものです。

「お金がない自慢」ではなく、「あなたの能力自慢」をしてみませんか？ 今の職場で認めてもらえない、何年続けてもお給料が上がらないというのなら、自分らしい能力が発揮できるオリジナリティを探すのもいいと思います。

稼ぐということは、組織や誰かに乗っかることがすべてではありません。専業主婦だった私が、50歳を過ぎてから自分だけの能力を見つけられたように、誰にだって磨けば光る能力が備わっています。

お金もなく、なんのキャリアもなく、夫が亡くなるまで自分の道を歩んでこなかった私が今こうしてモナコに暮らしていられるのは、「お金がない」を口ぐせにするのをやめたから。自分の能力を信じることに決めたからです。

23

「何があってもがんばり抜く」という呪縛から自分を解き放つ

モナコに来たとき私は、「退路を断つ」覚悟でいました。もうあと戻りはしない。逃げ道は作らない。だからこそ、前だけを向いてここまでがんばってくることができました。

ですが、今の気持ちはちょっと違います。何がなんでも「がんばり抜く」必要はない。そう考えているのです。

「こっちじゃないな」と思ったら軽やかに方向転換する。

「なんだか飽きたな」と思ったら途中でやめてみる。

今は、それでいいと変わったのです。

がむしゃらだった私からは考えられない、大きなアップデートです。

昔からのことわざに「継続は力なり」という言葉があります。たしかに、それも一理あるでしょう。ただ、がんばり抜くという行為には、得るものばかりではない側面もあります。自分の目の前のことしか見えなくなり、心身に不調をきたすまで無理をしたり、巡ってきているチャンスを見逃してしまったり……。

起業してからの私は、まさにがんばり抜く日々の連続でした。アジア・中国で化粧品のビジネスが成功し、とりあえずの目標をはるかに上回る年商を売り上げてから、もともとの完璧主義、がんばり抜く性格にさらに拍車がかかりました。

世界じゅうを飛び回り、商談や展示会で忙しく過ごす日々。自分の心の声や体の悲鳴などには、ちっとも耳を傾けていませんでした。

ある日、香港へ向かう飛行機の中で医師の友人と偶然会った際、友人は私の顔を見るなり、「体調が悪そうだから早めに病院に行くように」と忠告したのです。日本に帰国後に病院で検査したところ、甲状腺が腫れる**「バセドウ病」が重篤な状態であることがわかり、そのまま緊急手術を受けることに。**最終的に5回にわたる手術を経て、私は以前の容姿を失うことになりました。ですが、医師の友人の忠告まで無視して、もっとがんばり抜いていたら……私は命まで失っていたかもしれません。

世の中には「がんばり抜く」という呪縛《じゅばく》に囚《とら》われすぎて、身動きが取れなくなっている人があまりにも多すぎるとも感じます。

富士山は登頂することだけが、その魅力を味わうことではありません。裾野《すその》から勇壮な姿を眺めるのもいいですし、都会のビルとビルの間に浮かび上がる美しい姿に癒《い》やされるのもいい。

周りが全員同じ方向を目指しているからといって、絶対に自分も同じルートを進まなければいけない、というルールはありません。

登ることに疲れたのなら、視点を変えてみたっていいのです。

がんばり抜くことをやめてみると、行きたいところに到達するには、じつは一本道ではないことに気づけます。

人生には、何通りものルートがある。**険しい勾配《こうばい》の最短ルートに疲れ果てたのなら、きれいな景色が楽しめる迂回路《うかいろ》を選ぶのも1つの手です。**

仕事でもプライベートでも、私はがんばり抜くことをやめました。そして今、モナコの碧い海を見ながら、次はどんな道を散策しようかと思いを巡らせています。

24

「上澄みだけすする」ことにはなんの学びもありません

私は、カンヌ国際映画祭にＶＩＰとしてご招待いただき、レッドカーペットを歩くことができました。みなさんがご存知のように、カンヌ国際映画祭のレッドカーペットには世界じゅうからセレブが集います。目が眩《くら》むようなオーラと華やかさ、そして会場の熱気に、高揚感を覚えないのは無理なほどでした。私も、その空気に包まれ満ち足りた気持ちでしたが、同時にこれは「映画祭である」ということを肝に銘じていました。

カンヌ国際映画祭は、その名のとおり世界じゅうから映画作品が出品され、審査される場です。華やかさの裏には、映画制作に携わる数多くの人たちの情熱と苦労が存在しています。そうした映画作品と映画人へのリスペクトを忘れてしまっては本末転倒、いくら招待状があろうともレッドカーペットを歩く資格はありません。

華やかな装いで身を包むことも、もちろんリスペクトのうちの１つですが、それ以上に、**物事の本質を忘れて上澄みだけをすする**ようでは、貴重な経験も成長につなげることができないのです。

モナコでも毎年、「薔薇の舞踏会」というイベントが開催されます。モナコ公室が主催するこの会は、世界じゅうから大富豪らが一堂に会し、雰囲気も絢爛《けんらん》豪華そのもの。まるで自分がモナコロイヤルズの一員になったかのような気分を味わえます。

ですが、この舞踏会の本質は、病気と闘う子どもたちへの支援を目的としたチャリティーイベントだということ。１９５４年に、グレース公妃によって設立されました。そのため、ただ楽しむだけの社交の場ではなく、収益金はすべてグレース大公妃財団に寄付されるのです。

セレブリティたちとの刺激的な交流を楽しむだけでなく、本質的な意義を理解した上で参加する――。これこそが、招待状よりも大切な参加資格だと思っています。

25

心に刺さったトゲは
この先の人生の
免疫になります

日本ではあまり経験することはありませんが、海外に住んでいると差別的な対応をされることは少なからずあります。

ある国のレストランに、ランチを食べに行ったときのことです。その店は人気店で、ネットではいつ見ても予約で埋まっていました。でも、実際にお店に行ってみると、一人客なら案外すぐに入れることもあります。経験上それをわかっていた私は、その日もネット予約をせずにお店に行くことにしたのです。

レストランの扉の横には、何人かの先客が順番を待っていました。しばらく経っていよいよ私の番が回ってきたときのことです。店の中から案内に出てきたウエイターが、あからさまに私のことを無視して、次の客を案内したのです。

その瞬間、もしかして差別をされたのでは……と、ちょっとダウナーな気持ちになってしまいました。

「先に並んでいたのは私です」とフランス語でウエイターに抗議してみましたが、そのウエイターから呆れた顔でこう言われました。

「あなたのフランス語はまったくわからない」

もう最悪の気分です。なぜそんな意地悪をするの？　と言いたい気持ちをぐっと堪えていると、私を飛ばして先に案内されたカップルが、「私たちはあとでいいから、彼女を先に座らせてあげて」とウエイターに言ってくれたのです！

このとき、私は**「悪いこと」と「良いこと」を短い時間の間に経験**することになりました。私はそのカップルに「ありがとう」と笑顔でお礼を言い、何ごともなかったような顔で席に着き、無事ランチにもありつくことができました。

「悪いこと」を経験することも、人生の味わいの１つだと私は考えています。ネットで見た誰かの体験談ではなく、自分の体と心で体験すること。それこそが、次に起こる「悪いこと」を乗り越える糧《かて》になるからです。

レストランでの「悪いこと」は、じつはほかにも経験しています。ほかの席も空いているのにわざわざトイレの前の席に案内されたり、注文を取りに来るのをあと回しにされたり……。ですが、そうした「悪いこと」は「1つの現象」であり、その日を支配するすべての要素ではありません。

「悪いこと」によってマイナス感情に支配されてしまえば、「彼女を先に座らせてあげて」と言ってくれたカップルのやさしさも無駄にすることになります。

マイナスのことは誰にだってある。**マイナスのことは1つの現象にすぎない。そうフラットに捉える**ことで、くよくよと落ち込む時間を短縮することができます。

レストランで無視されたことも、ただの現象として捉えれば、「意地悪なウエイターがいた」「ウエイターは機嫌が悪かった」とだけ考えて思考の「処理済み」にすることもできます。それに、「悪いこと」があったからこそ「良いこと」が起きた。この一連の流れそのものが、必然的な現象だったと捉えることもできるでしょう。

そもそも、そのレストランのウエイターは、私の人生や人格を知り得ません。マイナスな出来事は、往々にして「自分とあまり深いつながりのない人によってもたらされる」ことも多いものです。そんな人たちに一瞬嫌な思いをさせられたからといって、1日を悲観的に過ごすのは非常にもったいないことです。

今ではそう思える私ですが、モナコに来たはじめの頃は、「悪いこと」が起こるとそのトゲが胸に突き刺さり、帰り道で泣きたくなることもありました。でも、少し冷静になって振り返ってみると、そういうときはだいたい、忙しすぎて心も体も疲弊《ひへい》していたり、何かしらの不安が心を占めているときでした。心のコンディションを整えるために、まずはきちんと休息を取ることも大切だと痛感したのです。

心に突き刺さったトゲは、簡単には抜けません。ときには古傷が痛むこともあるでしょう。でも、「悪いこと」を避けてばかりいると、いつまでたってもマイナスなことへの対処力は鍛えられません。

傷つくことは、人生の免疫を上げることです。トゲの傷が完全に癒えなくても、その傷はもっと豊かな自分になるための、心強いお守りになるはずです。

26

一流ブランドに触れることは「世界観値」を積み上げること

高級ブランド品を手にすることに、抵抗がある方もいらっしゃるかもしれません。たとえば、モナコ公妃のグレース・ケリーが愛用していたエルメスの「ケリーバッグ」は、ゆうに3ケタ万円を超える価格ですから、手を出しにくいことは確かでしょう。

ですが、「一流のブランド品を持つ」ことは、自分の「世界観値」を築いてくれるものだと私は思っています。

「世界観値」とは私が作った造語で、その人の魅力を形づくるものであり、個性を指します。ここでいう「魅力」とは、本当に価値あるものを感じる力、物語に想いを馳せる想像力も内包しています。

「世界観値」が高いほど、その人の魅力や個性は揺るぎないものになっていきます。

一流ブランドがなぜ「世界観値」を高めるのか。それは、**「憧れ」という大きなモチベーションを起動させるスイッチ**になり得るからです。

たとえば、「エルメスのケリーバッグが欲しい」という「憧れ」を抱いたとしたら、次にどのようなアクションを起こすでしょうか。まず金額を調べ、高価な買い物ですから、きっとブランドの歴史やバッグの由来についても調べるはず。

そこでは、著名人が愛用していたこと、高級ブランドの代表的存在という情報以外にも、エルメスが１８３７年から６代にわたって続く、世界を代表する三大メゾンの１つであること、創業時から変わらないクラフトマンシップと職人たちの情熱に人々は感動し、バッグに「モノ」以上の芸術性を見出していること、などがわかってくるはずです。

はじめは「高すぎる！」と目が飛び出そうになっていた値段も、ブランドの歴史や誇りに触れ、職人たちへの敬意として支払うと思えば、納得できるものに思えてくるのではないでしょうか。

それに、もしバッグを手にすることができたなら、「職人たちの素晴らしい仕事に恥じないよう上品でエレガントな所作《しょさ》を身につけたい」「バッグだけが浮かないよう、ふさわしいオーラをまといたい」といったことを考えるかもしれません。

「世界観値」を高める鍵は、まさにそこにあります。「自分もこのブランドにふさわしいステージに行きたい」と思うことで、日常生活とは違った一段上の視座を持つことができるようになるのです。

ブランド品にまったく興味がないのなら、無理をしてまで持つ必要はありません。日常使いならば数千円のバッグでも十分だと思います。ですが、もし人生を拡張させたい、可能性をもっと広げたいと願うのなら、憧れのブランド品を手にすることに、ストッパーをかけないでほしいのです。

「世界観値」を高めることを阻害する一番の要因は「私なんて」という気持ちです。

私にはふさわしくない、私には似合わない、私には贅沢すぎる……そんな無用な謙遜をしていては、あっという間に短い人生は終わってしまいます。

どうか、心配しないでください。手にした「憧れのブランド品」が、あなたをふさわしい女性にしてくれます。そして、思いもしなかった刺激的な場所にあなたを連れ出して、次の「世界観値」を積み重ねるきっかけをくれるはずです。

27

「心を装う」ことで広い世界に羽ばたけるのです

憧れのブランド品を手に取り、身につけることは、自分を一歩上のステージに連れていってくれる価値のあることだと思います。ですが、身につけたブランド品が、自動的に自分のステージを引き上げてくれるわけではありません。

ブランド品を、自分のステータスを誇示するために利用する人は、主に「手に入れたこと」に満足し、「自慢できたらそれでいい」と考えます。ですから、少々遠慮のない言い方をすれば、どこか**威厳が足りず「みっともない」雰囲気が漂ってしまいます。**

私も含めた人間という動物は、大なり小なり虚栄心を持った生き物だと思います。誰かに「自慢したい」「見栄を張りたい」という気持ちは、私だってゼロではありません。ですが、一流ブランドや高級品への「憧れ」のエネルギーの使い方を間違えてしまうと、いとも簡単に「嫌味な人」に成り下がってしまう。

だからもし、みなさんが憧れのブランドを手にすることができたのなら、「自慢」したい気持ちはぐっとこらえて、もっとエレガントに見せるにはどうしたらいいか？もっとこのブランドにふさわしいコーディネートはできないか？　そんな楽しみ方を模索してみるといいと思います。憧れていた気持ちから少しだけ先へ進んで、「私はこのブランドが似合う女性になる」と考えてみることは、虚栄心とはまったく違う視座から、ブランドの魅力を再発見するきっかけにもなります。

外面的な装いだけでなく、エレガントで上品な振る舞い、人との接し方、言葉遣いなど……。**そのアイテムを持っているときの自分は、どうありたいかをイメージ**してみることで、「心の装い方」も自然と身についていきます。

心を装うことは一朝一夕では身につきませんが、日々イメージし、実践してみましょう。ブランドが持つ歴史やプライドが自分の個性と融合し、今いる場所から飛び立つための、心強いパートナーとなってくれるはずです。

28

モナコでバッグを持たないことは「社会的な信頼」の証

モナコのセレブたちは、普段どんなバッグやお財布を持っている人が多いと思いますか？　ルイ・ヴィトン、グッチ、エルメスなど、高級メゾンのものを想像するかもしれませんね。

モナコを最初に訪れる前の私も、「きっとみんな高級バッグを抱えてお買い物をしているに違いない」と思っていました。

ですが正解は……**モナコで一番多いのは「バッグもお財布も持たない」**です。

え？　バッグもお財布も持たないでどうやって買い物をするの？　という疑問が湧きますよね。

モナコの大富豪たちは、とにかく「顔

が利く」のです。街に住んでいる人の多くが100万ドル以上の資産を持つ富裕層というこの国。

加えて、モナコの高級ブランド店は基本的に一対一で接客をするため、販売スタッフたちはクライアントの「顔と名前」が一致していることがほとんどです。中には、ブランドの販売スタッフと家族ぐるみで付き合いがあるセレブも少なくありません。だから買い物にわざわざバッグや財布を持っていかなくても、「顔パス」と「ツケ」であとからまとめて支払うことも多いのです。

モナコ公国は2・02平方キロメートルと、バチカンに次いで小さな国。バッグを持たない理由には、だいたいどこに行くにも「ちょっとそこまで」の距離なのでバッグがなくても家に帰れば済む、という地の利もあります。

もちろん、このツケ払いは、お店側も誰にでも許しているわけではありません。**長いあいだ、信頼関係を築いてきたクライアントだからこその対応**です。

でも、この状況に接してから「手ぶら」ということのイメージが自分の中で大きく変わっていくのを感じました。

手ぶらというと、持ち得るものが少ない、どこか手持ち無沙汰な印象がありますが、モナコではまったく逆。手ぶらこそがステータスであり、信頼の置ける人生を送ってきたことの証でもあるのです。

私自身も、「手ぶら」であることを誇りに、本格的にモナコに単身で暮らし始めました。

地位も名誉も、立派な肩書きもない。パートナーもいない。語学も流暢ではないし、現地のツテもない。

そんな〝ないない尽くし〟の私がこれから目指すべきは、モナコで暮らす人たちの信頼に足る「手ぶら」なのだと、決意を新たにしたのです。

私自身は、まだバッグもお財布も持って出かけますが、あと10年、20年住んだら、バッグも財布も家のクローゼットからなくなっているかもしれない。

そのときが、手ぶらで生きる私の、究極の最終形態です。

モノにしばられず軽やかに。でも、信頼の絆《きずな》だけは軽んじずにしっかりと結び続けるモナコの富豪たちの生き方は、今までもこれからも私の目標です。

29

本物の「品格」とは「実像」を感じ取る力です

現代の生活・仕事と切っても切り離せないのが、デジタル機器の存在です。特にスマホは、今や片時も手放せないほどの必需品となりましたね。

でも、スマホに夢中になってしまうことで、**すぐ目の前にある「実像」を忘れている人があまりにも多いのではないか。**ふと、そんな不安がよぎることがあるのです。

国内・海外問わず、様々なパーティーやイベントなどに集う人たちを、テレビ番組やネットの動画で見て思うことですが、有名人とかセレブとか、あるいは華やかな場を写真に収めようと、スマホのカメラにばかり夢中になっている人を、たくさん見かけるのが気になります。

もちろん、撮影を禁止しているわけではありませんから、楽しみ方は自由です。それでも、豪華に生けられたお花を写真に収めはしても、花の香りを楽しんだり、どんな種類のお花が生けられているのか考えながら静かに佇んだり、いろいろな角度から楽しむ人は少なく、そこに少し寂しさを感じてしまったのです。

きれいな景色を見ても、サッとスマホを取り出して撮影を済ませたら、その景色をじっくり味わうこともなく、満足してしまう人も少なくありません。

人との出会いもそうです。著名人に会った、一緒に写真を撮った、ＳＮＳにアップした。最終的には「いいね」をもらうことが目的化してしまい、せっかく普段会えない人に会っても、深く交流を重ねようともしません。

これが時代の流れと言ってしまえば、そうなのでしょう。

ですが、スマホを通した世界ではけっして味わえない、目の前の「実像」を感じ取る力こそが、「品格」だと思うのです。

五感で味わう空気、匂い、音、味、そして人対人の繊細な心のやりとり――そうした実像から感じ取れるすべてのものは、けっしてスマホのカメラには収められないものであり、自分の感受性を磨いてくれる唯一無二のものです。

日常生活の中で、道端に咲いている花や、風に揺れる木立、水たまりに映る曇天《どんてん》に心を動かすことも、もちろん忘れてはならないことですが、同時に、普段は味わえない非日常的な空間で刺激を受けることも、同じくらいかけがえのない体験です。

初めは「慣れない」場を記念に残そうと、写真を撮る方も多いのですが、自分はその場にふさわしい人として招待された、パーティーの一員です。

自分の肩書き、キャリア、年収、コネクション……そうしたわかりやすい「ラベル」で区別されないパーティー空間は、自分もエグゼクティブや経営トップたちと同じ人間であり、そこに垣根はないということを、肌身を通して感じられる貴重な場です。会社の縦社会とは違う、横のつながりがそこにはあるのです。

会社や取引先で出会ったら思わず恐縮してしまうような相手でも、パーティー会場ではみなが参加者の一人であり、対等に話すことができます。

もしみなさんが華やかなパーティーの場に出席することがあったら、どうかその権利を自ら放棄しないでください。**スマホはそっとバッグにしまって、目の前にいる人との会話を**、大いに楽しんでほしいと思っています。

30

もっと「心が求める色」を身にまといましょう

自宅のクローゼットの中には、ピンク、赤、緑、黄色……色とりどりの洋服が並んでいます。中でも、私が身にまとうことが多いのはピンク。淡いピンクも好きですが、はっと目が覚めるような鮮やかな濃いピンクが大好きです。

クローゼットを見渡してみると、一番少ない色は黒。エレガントで都会的な色とも言われる黒ですが、私はなぜかモナコで黒を身につける機会は多くありません。

南フランスに隣接するモナコは、地中海性気候のため、めったに雨が降りません。年間300日以上が晴天で、夏でも最高気温は25℃。暑い日でも湿度は低く、一年を通してとても過ごしやすい気候と言えます。

晴天に恵まれているということは、それだけ日差しも強いということ。私が黒い服を着用しないのは、強い日差しのせいもあります。ですが、それだけではなく、モナコではなぜか「今日は黒い服にしようかな」という気分にはならないのです。

碧い海と空、そして深い緑の山々に囲まれた街並みには、歴史ある建造物と自然が共存しています。グレース公妃が暮らしていた大公宮殿、荘厳な佇まいのモナコ最古のカジノ「カジノ・ド・モンテカルロ」(別名グランカジノ)、4000本ものバラが咲き誇るフォンヴィエイユ公園のグレース公妃の薔薇園など——。それらがすべて約2平方キロメートルの中にあるため、ただ街並みを歩いているだけで、優雅で心豊かな気持ちになります。だからモナコでは、「心が勝手にカラフルな洋服を求める」というのが正しいかもしれません。

もちろん、黒を着てもいいでしょう。でも、無難だから、目立たないから。そんな思いで黒い服を選んでいるとしたら、たまには「心が求める色」を着てみてもいいと思うのです。**鮮やかな色を身につけて出かければ、それだけで幸せな気分**になれることに気づくはずです。

31

小さい子にも「目利き」をさせるのがモナコ流の教育です

モナコの富豪たちの子どもへの教育はじつに自由です。一言で表すとしたら、**子ども自身に「目利き」をさせる**。そうした親たちの教育方針を、この国ではそこかしこで垣間見ることができます。

国内の星付きレストランでは、小学校低学年くらいの子どもを連れた若い夫婦をよく見かけます。そして、大人と同じメニューを注文し、同じコース内容を親たちと一緒に食べます。

各国では一般的に、高級レストランは子ども入店お断りの場合も少なくありません。子どもなので致し方ないことではありますが、騒いだりじっとしていられなくて、ほかのお客さんに迷惑をかけるという理由からでしょう。もちろん、モナコでもそうした方針のレストランもあるにはありますが、多くの場合は高級店でも子ども入店お断り制限は設けておらず、家族でコース料理を楽しむのが定番と言えます。

ただ、小学校低学年くらいの子どもは、いくら富豪の子といえども「星付きレストランの味やサービスを堪能する」楽しみ方を知っているとは思えません。それなのになぜ、高いお金を払ってまで星付きレストランに子どもを連れてくるかというと、親が**「小さい頃から一流を知る」ことが大切**だと考えているからです。

モナコに暮らす子どもたちは、海外に留学する子がほとんどです。その後も自立して、世界各国で活躍する人材が多く、親と一緒にいられる時間はそれほど長くありません。

幼い頃から高級レストランに連れて行き、高級ジュエリーショップで子ども自身の目で選ばせてみる。こうした「目利き」の方法は口で伝えるよりも、子ども自身に「感じさせる」ほうが早いことを、大富豪たちは知っているのでしょう。

32

色恋であっても「眼力を養う」ことが身を守ります

モナコの紳士・淑女たちに学んだことの1つに、「人を見る目の確かさ」があります。日頃から様々なコミュニティーに参加し、人との関わりを大切にする富豪たち。当然、魅力的な人と出会う機会も数多くあります。

ですが、この地に住む彼ら・彼女らは、簡単には色恋に惑わされません。モナコの友人によると、容姿端麗で名うてのプレイボーイに見えるシングル男性でも、無秩序なアバンチュールに身を委《ゆだ》ねることはめったにないと言います。

それはなぜなのか、友人とも考えてみたのですが、富豪たちの中には、一代で財を成した資産家や実業家に加え、貴族の末裔《まつえい》など代々続く由緒ある名家の子息・令嬢たちもいます。

特に「先祖」を背負っている人たちは、何か間違いがあれば「失うものが大きすぎる」こともあり、色恋ごとには慎重にならざるを得ないのでは？　という仮説に至りました。

お金などの目に見える「資産」も大切ですが、**先祖たちの歴史を引き継ぐスピリットも「資産」**であり、色恋に溺れないことは名家としての危機管理の1つなのでしょう。

色恋のシチュエーションでも自分を律することができるのは、相手がどんな人物かを察知する「たしかな眼力」を備えているからこそ。魅惑的な人に誘われたからといって手放しで舞い上がらず、「本当に大丈夫？」と一度立ち止まることが、私たち一般人にとっても、**自分の身を守る上で必要なリスクマネジメント力**です。

モナコの街中で出会う男性は多くの人が親切で紳士的ですから、少し話しかけられただけで浮き足立ってしまう気持ちもわかります。ですが、笑顔を向ける、話しかけるという行動は、ただのコミュニケーションの1つに過ぎません。

自分に都合よく好意や恋愛と結びつけない「冷静さ」を養うことも、社交の場で信頼されるには大切な要素だといえるでしょう。

第3章

自分らしさをはぐくむ言葉

33

「それ私も持ってます」と言われて安心する気持ちを捨てましょう

洋服を買いにお店に行き、いいなと思う商品を手に取ったとき、こんなふうに声をかけてくれる店員さんがいます。

「それ、素敵ですよね。私も持っているんですよ」

そう言われても、嫌な気持ちになる人のほうが少ないと思います。店員さんも持っているということは、いわばそのお店の「おすすめ」の商品ということ。間違いのない選択だと安心して、購入するかもしれません。

でも、私はモナコのメゾンに洋服を買いに行ったとき、こんな経験をしました。

その店では、前のお客さんに見立てた

洋服を私にも勧めるということはけっしてありません。「私も持っているんです」と口にすることは、さらにあり得ません。なぜなら、私には私の似合う洋服があり、ほかの誰かとは違うからです。

お店ではコミュニケーションをとりながら、私の好みやライフスタイル、職業、まとっているオーラ、そうした個性を踏まえて、私に似合う服を提案してくれます。その店には、「おすすめ！」とPOPを貼るような、〝誰にでもおすすめ〟の洋服はありません。店員はファッションのプロとして、一人ひとりに合わせて見立ててくれるのです。

もちろん、提案される側もすすめられるがままに買うことはしません。気に入らなかったり、しっくりこなければ、「また次の機会にするわ」と店をあとにします。それで関係性が壊れることはありません。

「私も持っています」「おすすめです」という言葉に安心することは、自分だけが持っている個性を台無しにしてしまうことにもつながります。だから、もし私がそう言われたら、「ありがとう。でも私が似合うとは限らないわ」と店員さんに伝えるでしょう。

自分が身にまとう洋服はオーラを形づくる要素の1つ。世界で1つだけの個性というオリジナリティを、安心と引き換えにするのはもったいないことです。

34

タイムマネジメントは人生の余裕を奪う「心泥棒」

なるべく無駄な時間を過ごさないよう、現代人はいかに「タイムマネジメント力」を高められるかが、日々試されています。タイムパフォーマンス、通称「タイパ」が悪いものは、やる価値がないといって切り捨てられることもしばしばです。

かかった時間と労力に対して報酬が見合わないことについて、現代人は冷酷になってしまいます。それほど時間に追われながら生活している証拠なのでしょう。

しかしながら、いかに効率よく時間とタスクのパズルを組み合わせたところで、私たちの仕事は永遠に終わることはありません。なぜなら、上手にパズルを組み合わせてできたはずの〝余白〟にも、次から次へとやるべきことを詰め込んでしまうからです。勤勉といえば勤勉ですが、毎日毎日やるべきタスクに追い立てられていては、道端の花に足を止めて季節を感じることも、形を変えながら風に流れる雲に気づくこともできません。

行き過ぎたタイムマネジメントは、「心の余裕を作る」ものではなく、むしろ「心泥棒」だと私は思うのです。

モナコの富豪たちは、スケジュールをぎゅうぎゅうに詰め込むことはけっしてしません。あくせく働かなくても潤沢な資産があることもその理由の１つではありますが、もう一つ、「思いつきをすぐに行動に移せる」状況を作っておくため、という大切な理由もあります。誰かが「眺望が素敵なホテルがあるから、今から泊まりに行かない？」と提案すれば、「それはいいアイデアね！」と、１時間後には旅支度を済ませ、待ち合わせ場所に集合できる。そんな心と時間の余裕を、常に持ち合わせているのがモナコの富豪たちなのです。

ときには「タイパ」を無視して、心の赴くままに行動してみることで、そのときにしか味わえない感動や出会いがもたらされるはずです。

35

「ピンクゾーン」から出なければ何も始まりません

居心地のいい場所、気の置けない友人、失敗することがなくなった仕事。こうした、「体になじんだ心地いいもの」を誰しも1つは持っていると思います。そんな大切なものたちが、あなたの明日へつながる活力や前に進む力に変えられているとしたら、私からは何もお伝えすることはありません。

けれど、そんな居心地のよさに少しでも焦りや停滞感を覚えているなら、今あなたは「ピンクゾーン」を抜け出すときが来ているのかもしれません。

「ピンクゾーン」とは、「あたたかな幸福感に包まれた自分だけの安全地帯」のことで、私が考えた言葉です。

意見を言えばみんなが「そうだね」と言ってくれる。摩擦《まさつ》も失敗も起こる心配がない。そんな人間関係、職場や仕事は、自分にとって精神安定剤のような役割を果たすかもしれません。かつては必死に戦って手に入れたはずの安全地帯を、普通ならば誰も「自らすすんで手放そう」とは考えないでしょう。

だから、私からはあえて言いたいのです。あなたの未来への可能性を阻んでいるのは、あなたを幸福感で包む「ピンクゾーン」かもしれないと。

「ピンクゾーン」では予測不能なこと、あなたの想像の範疇《はんちゅう》を超える出来事はほとんど起こりません。それはつまり、あなたをハッとさせる気づきを与えたり、闘争心や野心を掻き立てるような出来事も起こり得ないということです。

「ピンクゾーン」は、**幸せと引き換えに、挑戦心や向上心を奪っていく「ぬるま湯」**とも言い換えることができます。

私たちの人生はあっという間であるにもかかわらず、一度足を踏み入れた「ピンクゾーン」は、あなたを抜け出させないように、長い間足止めする魔力を持っています。

今、自分がそこにどっぷりと浸かっているかどうかを確認するために、次のようなシチュエーションを想像してみてください。

①あなたのアイデアが煮詰まったとき、真っ先に誰に相談しますか？
②上司に頼まれた仕事は、「あなたが得意な仕事」と「経験したことがない仕事」でした。どちらかを選んでやってほしいと言われたら、どちらを選びますか？
③親しい仲間たちとの飲み会と、初めて参加する異業種交流会。いずれも同じ日の開催だとしたら、どちらに参加しますか？

①〜③の状況をイメージする中でそれぞれ、①自分が話しやすい親しい人の顔を思い浮かべた、②得意な仕事を選択した、③気の置けない仲間たちとの飲み会を優先した、のなら、あなたは今、自分にとって心地よい場所を手に入れられている証拠です。

そのぶん、本来であればつかめたかもしれない、**新しい発想、新しい経験値、新しいご縁を手放す選択をした**、ということでもあります。

私たちの人生は、自分が思うよりもはるかに刺激的で、大きな可能性を秘めています。専業主婦だった私が、ある日突然全世界に向けてＴＥＤｘ（テデックス）でプレゼンテーションを行ったり、ニューヨークでは国連関係者の前でスピーチしたり……。

私自身が「ピンクゾーン」を飛び出したことで、驚くべき未来が待っていました。

これらは、自分から売り込みをしたり、推薦状を書いてもらったわけでもありません。ある日突然、「あなたの人生はとても興味深い。ぜひステージで話してみませんか?」とオファーがやって来たのです。

私がしたことといえば、「ピンクゾーン」を飛び出し、アクセル全開で「やったことがないこと」「面白そう！と心が動いたこと」に挑戦した。ただ、それだけなのです。

心地よい「ピンクゾーン」を飛び出した先にあるのは、もしかすると断崖絶壁かもしれないし、大きな水たまりがいくつもあるオフロードかもしれない。どんな景色が待ち受けているかは、飛び出してみないとわかりません。

でも、アクセルを踏み込んで目一杯加速すれば、断崖絶壁も映画のカースタント並みに飛び越えられるかもしれないし、激しく上がる水しぶきで虹がかけられるかもしれません。1つ確かなことは、「ピンクゾーン」という不安も恐怖もない安全圏にいては絶対に体験できない新たな経験が、外の世界には待っているということです。

心地よさと引き換えに、自分が奪われているものはないか? それを知るためには一度、**「自分が思ったものとは別のほう」をあえて選んでみる**といいと思います。

36

「ビジネスウーマン」と名乗るのは可能性を最大限に広げるため

私はモナコで自己紹介するとき、特定の肩書きを伝えることはありません。

美容医療商品の企画開発販売、女性のニューリーダーを育てるプロデューサー、人脈交流会創設者、エミチカアカデミーの主宰者など、携わる事業が多岐にわたるということも理由の1つです。

ですが、本当の理由は、**「新しい出会いの可能性を狭めたくないから」**という気持ちが強いからです。

私が美容医療商品を販売する企業の経営者だと言えば、きっと同じ業界の人脈はモナコでも広がっていくでしょう。同じように、女性リーダーを育成する人材プロデューサーだと言えば、キャリア開発に関わる人たちと仲良くなれるかもしれません。

ですが、私はまだまだ自分の可能性を広げたい。

特定の肩書きや職業で自分をしばることは、出会える可能性があった人との縁を、自ら切ってしまうことにもなりかねないと思うのです。

「私はこういう者です」と一言で説明できる肩書きと名刺があれば、それは人生を歩む上で心強いことだと思います。でも、私は専業主婦から50歳で起業したので、なんの専門性も持っていません。だから、ない袖は振らない主義なのです。

じゃあ、自己紹介するときは、どう伝えるのか？　私はシンプルに、こんなふうに自己紹介することにしています。

「はじめまして。ビジネスウーマンのエミチカです」

今までもこれからも、これで十分だと思っています。

あるときは、話を聞きに行った人に対して私があまりにしつこく質問するので、

「きみはジャーナリストか？」

と訝しがられたこともあります（笑）。そのときは、

「はい、そうです。だからもっとお話を聞かせてください」

とお返事をして、〝その場限りのジャーナリストとして活動〟しました。

広い世界に飛び立ちたいと考えたとき、自分の肩書きや地位が何もないからといって、あきらめることはありません。

うずうずしている翼をしばり付けているのは、じつは世間の目でもなんでもなく、自分自身でしかないのです。

羽が伸ばせなくて窮屈な思いをしているのなら、その鎖を自分の手で切ればいい。

風が足りないのなら、自分で風を起こせばいい。

人はいつからでも、自分だけの力で、自由に羽ばたくことができるのですから。

37

「信用」ではなく「信頼」を積み重ねましょう

今私が住んでいるメゾンは、モナコ・ヴィル地区にあるモナコ大公宮殿の目の前にあります。このエリアはもともと外国人居住者がほとんどおらず、モナコ国籍を持つ生粋《きっすい》の〝モナコ人〟が多く住んでいます。**日本人の私が住んでいるのは奇跡に近い**ことなのだと、自分でも思っています。

でも、私は実際にこうして住むことができました。知人の紹介も、現地のツテもない状態で行ったにもかかわらず、なぜパレス前に住むことができたのか？ ここでは、その話をもう少し詳しくしたいと思います。

モナコに住む前に、旅行で訪れたとき

のことです。私は、このパレス前にやって来たとき、「絶対にここに住みたい！」と直感的に思いました。帰国後も熱が冷めるどころか、ますます思いは熱くなるばかり。モナコに住むことを決意した私は、住む場所が見つからないまま、とりあえずモナコ行きの飛行機のチケットを予約して、ほぼ身体一つでやって来ました。その前に偶然知り合っていたのが、私が住みたかったパレス前のメゾンのオーナーの女性だったのです。

メゾンの前で幸運にも再会した私は、すぐさま連絡先を聞いて、メッセージのやりとりを始めます。でも、「あのメゾンに住まわせて！」という、肝心なことは伝えないようにしていました。なぜなら、「自分のメゾンに住むにふさわしい人間か」を決めるのは、彼女だからです。

私の通帳を見せて、資産状況や、経営者としてどんな事業を行っているかを知ってもらい、家賃の支払い能力があると「信用」してもらうことは、すぐにでもできたでしょう。ですがメゾンの住民ともなれば、**目に見える信用情報以上に「人となり」が大切です。**人となりについては、数字や肩書きで測ることはできません。

そこで私は「信頼」を積み重ねることにしたのです。

彼女の友人が営んでいるというお店を教えてもらったらその店に足を運び、「ちょうど近くを通りかかったから立ち寄ってみたわ。とっても素敵なお店ね！」とメッセージを送りました。そのほかにも、「モナコはとてもいいところね」「人もみんな親切で心が豊かになるわ」、そんなメッセージを送り、交流を重ねました。「ここに住みたい」という自分の熱意を押し付けるのではなく、住んでいる人たちの暮らしに寄り添い、彼女の日常になじむような投げかけを心がけていたのです。

そうしてやりとりを重ねるうち、彼女のほうからこんなメッセージをもらいました。「あなた、お家を探していたわよね？　だったら、うちのメゾンに住まない？」

私が初めから「信用」だけを押し売りしていたら、この幸運は手に入れられなかったでしょう。「信頼」を得ることは簡単ではないけれど、だからこそ、彼女は心を開いてくれたのだと思います。

どうしても成し遂げたいことがあり、協力を得たい人がいるのなら、**たとえ遠回りしたとしても、まずは「信頼」を得る**ことに集中してみてください。その結果はすぐには表れないかもしれませんが、きっと驚くような展開が待っているはずです。

38

「常識はずれ」だったからこそ今のモナコがあるのです

モナコという国の歴史をご存知でしょうか。世界的な観光・リゾート地として多くの人々を魅了するモナコですが、日本の外務省サイトによると、国の面積は2・02平方キロメートルほどしかありません。これはバチカンに次ぐ世界第2位の小国とされています。人口は約3万7000人ほど（2021年）。

世界じゅうから富裕層が集まる理由の1つとして、国民だけでなく、外国人居住者にも所得税や相続税、贈与税などが課せられないタックスヘイブン（租税回避地）としての側面も知られています。

ですが、こうして観光や金融でモナコという小国が繁栄したのは、ある「常識はずれ」の国策が行われたからです。

モナコはもともと、主要産業は漁業でした。しかしながら、国土は狭く人口も少ない小国。自国だけの税収では経済発展は望めませんでした。そこで、世界じゅうの富裕層を惹きつける国づくりを目指し、モナコ大公のシャルル３世がカジノの参入を許可。１８６３年に「カジノ・ド・モンテカルロ」が開業すると、１８７９年にはオペラ座「モンテカルロ歌劇場」も建設します。

さらに時を経て１９２９年、ルイ２世の頃には、モンテカルロ市街地を走行コースとするＦ１レース「モナコグランプリ」の開催が始まりました。

モナコは国を挙げて、カジノ、芸術、モータースポーツという文化を醸成させることで、世界有数の観光立国として大きな発展を遂げたのです。

国の発展や、国民の暮らしを豊かにするための大胆な発想の転換に、私はとても共感を覚えました。

人生だって、「これまでと同じ」ことを続けていてもブレークスルーは起こりません。今までの常識を捨て、非常識な選択をすることが、未来を切り拓く力になります。

モナコは、私に「変化を恐れない勇気」を与えてくれる、そんな国なのです。

39

印象づけの極意は「相手に喜んでもらう」こと

マイナスな出来事があったとき、怒りや負の感情をその場でぶつけてしまうと、じつはその先にある幸運を逃してしまうことがあります。

私が体験したのは、レストランでのちょっと意地悪な出来事でした。

その日訪れたお店はお客さんもまばら。私は、「眺めのいい窓側の席を案内してくれるかな？」とほんのりと期待を抱いて店員さんに声をかけました。すると店員さんは私を見るなり、ぶっきらぼうな態度でテラスとは反対の方向へと歩き始めます。

そうして通された席は、店の奥側にあるお手洗いの近くの席でした。満席のと

地中海に面した美しきモナコから
本書をお読み下さったあなたへ

モナコより感謝を込めて
プレゼントをお贈りします

本書をお読みくださったあなたへ
エミチカより、感謝の気持ちを込めて
プレゼントをご用意いたしました。

プレゼントの内容

**私、エミチカがモナコの生活で培ってきた
「逢いたくなる」オーラにまつわる
エピソードや考えについて語った特別音声。**

本書＋エミチカ音声のダブルインプットで、
あなたの「逢いたくなる人」のオーラにさらに磨きをかけてください。

1. 「ピンクゾーン」から飛び出すと、未来の可能性は無限大に　音声①
2. オーラを纏う人は○○ができる人　音声②
3. 「一人オセロ」のすすめ　音声③
4. モナコの世界を届ける動画
5. エミチカが代表理事を務める『KELLY CLUB JAPON』動画

＊＊ プレゼントの受けとりは公式LINEから ＊＊

※プレゼントの配信は予告なく終了することがあります。
予めご了承ください。

特典はこちらから

きなら「運が悪かったな」くらいにしか思わなかったでしょう。でもその日の店内は、誰がどう見ても〝ガラガラ〟です。

「ほかにいくらでも席があるのに、どうしてわざわざこの席に案内したの？」

思わず、そんな言葉が口をついて出そうになりました。「チップを渡して席を変えてもらう」「怒りをぶつけて店をあとにする」、そんな選択肢も一瞬脳裏をよぎりましたが、お金で解決したり、怒りを表す選択をしたりしても、得られるのはわずかな自己満足だけ。結局、店を出たあとには虚しさだけが残ります。だから私は逆に、ご機嫌な態度で店での時間を過ごすようにしました。

多少嫌なことがあっても、自分だけはご機嫌に振る舞うことでその時間は楽しいものに変わります。それに、意地悪をした店員さんもご機嫌な私を見て、何かしら感じてくれることがあるかもしれません。

だから私は、食事を終えてお会計をしたあと、笑顔で「ありがとう、とても美味しかったし楽しい時間だったわ！」と店員さんに告げて店をあとにしました。店員さんはきょとんとしていましたが、私はその言葉を伝えられただけで十分満足でした。

しばらく経って、またその店を訪れたときのこと。扉の前で待っていたのは、以前私を「お手洗いの近くの席」に案内した店員さんです。

私が「この前はありがとう。素敵なお店だからまた来ちゃったわ」と話すと、ぶっきらぼうだった前回とはうってかわって笑顔になり、特等席とも言える窓側の席を用意してくれたのです。

モナコの富豪たちを見ていると、街中で怒っている人がほとんどいないことに気づきます。それどころか、彼らはいつでもご機嫌です。あきらかに不機嫌な態度のウエイターがいても、声を荒らげることはありません。それどころか、「ありがとう、とても美味しそうね」「ここはとっても素敵なお店ね」などと声をかけています。

相手に嫌な態度を取られたとしても、モナコの富豪たちは同じ態度で応戦することはありません。それどころか、嫌なことをされた相手にも、自分がされて嬉しいことを返しているのです。

自分が嬉しいことをされれば、人はどうしたって相手に「やさしくしたくなる」ものです。私の場合も、その印象づけが功を奏したのか、「お手洗いの近くの席」に案内した店員さんとは今ではすっかり仲良くなり、店に行けば最高のおもてなしをしてくれるようになりました。

40

感じる心とインスピレーションがかけがえのない自分の財産

現実社会の生活はとてもせわしなく、知らないあいだに心の余裕を奪っていきます。私たちは比較的、**「目標」を立てること**には慣れていますが、その外側にあるべき**「ビジョン」を描くこと**は苦手かもしれません。

自分はどういう人生を送りたいのか、社会にどう貢献したいのか、思い描く理想の社会はどんなものか――。日々の暮らしには〝やるべき〟ことが山積みで、真っ白な紙に自由に絵を描くような、そんな心の余裕をどうしても失いがちです。

私もかつてはそうでした。夫が亡くなったあと、巨額の負債を返すために働き詰めの毎日でしたので、ビジョンを描く心の余裕なんて、まったくありませんでした。

「女性には世界を変える力がある。だから私は、世界でエレガントに輝くニューリーダーを輩出したい」

これは、今思い描いている私のビジョンです。キラキラと輝く碧い海、忘れていた花の香り、漆黒の海を月光が照らすムーンロード。モナコの自然に毎日触れているうちに、鈍感になっていた感受性が少しずつ動き始めたのを感じました。やさしさ、心地よさ、美しさ、儚《はかな》さ、たくましさ……五感を通して感じられる自然の様々な表情がミルフィーユのように重層的になっていき、気がつくと私は「感じる心」を取り戻していました。そうした私の心に浮かんできたのが、先ほどお伝えしたビジョンです。

硬くなった感受性をもう一度柔らかくするには、自然に触れるのが一番です。目を凝らし、耳を澄ませ、思いっきり空気を吸い込んで、全身を使って地球の力を感じてみる。止まっていた感情が動き出すのを感じたら、二度と停止しないよう、動かし続けることです。

動き始めたインスピレーションは、ほかの誰も持っていない、誰にも奪われない、あなただけの財産です。

41

「もしかしたら」「せっかくだから」の隙にチャンスは逃げていく

ある昼下がり、モナコの友人たちとお茶を楽しんでいたときのことです。「フランスのフェラ岬にあるホテルがリニューアルしてとても評判がいいみたいよ」という話題になりました。すると一人の友人がこう提案しました。

「ねえ、そのホテルに泊まりに行かない？」

その提案には全員が賛同。私もそのホテルの評判を聞いたことがあり、いつか行きたいと思っていました。ですが、発案者の友人はすぐにこう続けました。

「じゃあ、今から行きましょうよ。1時間後にまたここに集合でどう？」

「いいわよ！」と友人たちはあっさり承

諾しましたが、私の心中は穏やかではありません。フットワークの軽さが自慢の私ですが、目指すのは高級リゾートホテル。しかも、1時間で1泊分の荷物を用意するなんて！

私のそんなプチパニック状態など知るよしもなく、友人たちは足取りも軽やかに準備をしに自宅へと帰っていきました。私もとにかく準備を急ぐしかありません。でも、いったい何を着ればいいのかしら？　みんなはどんな格好で来るの？　夜のディナーのドレスは？　あのネックレスはどこにあったっけ⁉　頭の中はめまぐるしく、こんがらがりそうな情報を処理しています。

「もしかしたらあれも着るかもしれない！」

「せっかくだからあれも持っていかなくちゃ！」

荷物はどんどん増えていきました。こんなことをしていたら1時間後の待ち合わせには間に合いません。

私はもうあきらめて、**パッと手に取ったドレスと水着を「これでいいや！」**とスーツケースに詰め込み、待ち合わせになんとか間に合わせることができました。

実際に行ってみると、そのホテルは噂どおりの美しい眺望で、数時間前にはてんやわんやだったことなどすっかり忘れ、友人たちと癒やしのひとときを過ごすことができました。

この出来事で私が学んだのは、「もしかしたら」「せっかくだから」と考えている間に、チャンスは逃げていたかもしれないということです。

1泊の小旅行に限らず、何か行動を起こそうとするとき、「もしかしたら」を考えすぎてしまうと、結局正解がわからなくなって怖気《おじけ》づいてしまうかもしれません。もしかしたら、みんな豪華なイブニングドレスを持ってくるかもしれない。ブランドのバッグも持ってくるかもしれない。靴は？　アクセサリーは？　考え出したらキリがありません。

「せっかくだから」あれもこれも持っていこうと欲張れば、荷物もフットワークも重くなってしまいます。もしかしたら、待ち合わせに間に合わないこともあり得ます。

用意周到にして家で待っていても、チャンスが家までやって来てくれるとは限りません。**目の前に素敵なチャンスがやって来たら、それに向かってただ走り出すこと**です。まずはチャンスをつかむことが何より大切なのであり、準備は二の次。急いで用意したものが、少々的外れだってかまわないのです。

42

「仕事よりも家族が大切」なら その価値観を譲る 必要はありません

モナコのとある高級ブランド店での出来事です。その日、私は親しくなった店員さんを、思い切ってお茶に誘いました。もちろん突然ではなく、「この日、1時間くらい空いてたらお茶にでも行かない?」とスケジュールを尋ねる形です。ところが、彼女からは意外な言葉が返ってきました。

「ごめんなさい。その日は家族と過ごすので無理です」

思わずはっとしました。断られたことを腹立たしく思ったのではありません。

「そういう考え方もあるんだ」と感心したからです。もし私が彼女だったら……そう考えてみました。普段、安くないお金を払って自分の店の商品を買ってくれるクライアントの誘いだったら、私はきっと断らなかったでしょう。なぜなら、1～2時間のお茶と引き換えに、お店の商品をまた購入してくれるかもしれない。そう考えたと思うからです。

家族とはいつでも会えるわけですから、その日、一緒に過ごす約束をしていても、私なら「ごめん、お得意さんだからちょっとだけ行ってくるね」と事情を話し、お茶の誘いを受けたと思います。でも、彼女はきっぱりと「家族を優先したい」と断りました。

モナコに住んでから、客と店員という関係性であろうと、序列のない対等な立場であることを感じる機会が増えました。多くの店員は顧客のために、自分の時間や楽しみを犠牲にしてまで尽くすことはありません。なぜなら一人ひとりが、人生において大切にすべき優先順位を明確に持っているからです。

自分が大切にすべき価値があるなら、相手が誰であってもその価値観を譲る必要はありません。たとえそれが「クライアント」であっても、**自分の大切な人たちを悲しませるような自己犠牲は払うべきではないのです。**

一流店であっても、店と客ではなく「一対一の人間関係」が土台のモナコ。接客マニュアルには載っていない血の通ったやりとりが、私には心地よいのです。

43

信念を持っていれば
孤独だって怖くない

眼科医の夫と結婚する前、私は少しの間ですが商社に勤務していました。とはいえ、その後すぐに祖母が持ってきた縁談で、夫とお見合い結婚したため、会社員をしていた期間はさほど長くありません。

その後は専業主婦として夫を支え、子どもたち二人を育て、夫が亡くなってからはパート勤務や再就職をすることなく、すぐに経営者の道を選びました。

そのせいか、私はもはや「誰かの下について働く」ということがイメージできません。

私が「誰かに雇用されること」ではなく「経営者」を選んだのは、夫が遺《のこ》した負債金額の大きさも１つの理由です。ですがそれ以上に、私は「人に使われる」ことがとことん向いていないのです。

もしも私が会社勤めをしていたら、「これ間違ってないですか?」「絶対にこうしたほうがいいと思います」と、社長や上司にたてついてばかりいたことでしょう。

それに、上役におもねることができない性格ですので、社長の逆鱗《げきりん》に触れて、即刻クビになるのが目に見えています。

経営者になった今でも、私が苦手とする管理業務や事務作業をサポートしてくれるスタッフはたくさんいますが、誰かと相談することは一切せずに、大切なことはすべて自分で判断しています。

なぜなら、そのほうが私の**パッションが相手にダイレクトに伝わって実現しやすい**、というのもありますし、私が頭の中に描いていたいことを、**スピード感を持って推し進めることができる**からです。

一般的に「経営者は孤独」だと言われます。たしかにそうなのかもしれません。起業家として「正解」の形というのは、起業家それぞれで違いますし、どんな未来を描いているかでも違ってくるでしょう。

多くの従業員を雇用し、会社を上場させたいと考える人もいれば、私のように正規の社員を抱えず、基本的には身体一つで勝負したいと考える一匹狼スタイルの人もいます。

でも、どんな経営者にも共通しているのは、自分だけの揺るぎない「信念」を持っているということだと思います。

私は、起業したいと考える女性をプロデュースすることや、女性が美しく年齢を重ねるための化粧品を開発することなど、今携わっている仕事のどれもが、「自分にしかできない仕事」だという自負があります。だから人任せにせず、自分自身で手塩にかけて仕事自体を育てていきたいのです。

女性には世界を変える力がある。世界で活躍するニューリーダーを輩出したい。その強い信念があるからこそ、私はどんな困難に直面しようともびくともしませんし、孤独だって怖くありません。

もし、あなたが起業を考えているのなら、その**「正解」の形は自分の中に見出していくことになる**と思います。その際には誰かの真似ではなく、あなただけの信念に従って行動してください。

44

モナコは「おひとりさま」こそ丁寧に扱ってくれます

結婚観や恋愛観が多様化するにつれ、「おひとりさま」という言葉が浸透しています。大きな意味としては、独身を貫いている人や、私のように伴侶《はんりょ》に先立たれた人などが当てはまりますが、おひとりさまについて語られるとき、最近は「孤独」「困難」など、社会問題として捉えられることも少なくありません。

でも、**おひとりさまは本当に「寂しい」ものなのでしょうか？** おひとりさまとして日本からモナコにやってきた私からすると、モナコほどおひとりさまにやさしい国はないと感じています。

どのお店に行っても、モナコでは一人客に対して非常に丁寧に接客してくれます。ヨーロッパはカップル文化で、特に食事は二人、あるいは友人と会話をしながら楽しむのが定番。レストランでは、おひとりさまは嫌でも目立ちますが、カップルで賑わうお店でも無下《むげ》に扱われることはめったにありません。

とはいえ、お店のスタッフに敬意を払ってもらうためには、たった1つだけ条件があります。それは、一人の自立した女性として、エレガントに振る舞うことです。

焼肉やラーメンを一人で楽しめる女性も素敵ですよね。この場合のおひとりさまは、「男性が多い店だって一人で入れるわ」というたくましさが魅力と言えるかもしれません。モナコが少しだけ違うのは、客はその多くが大富豪だということ。

堅苦しくなりすぎる必要はありませんが、私はなるべく機嫌よく、品性のある振る舞いを心がけています。華美な服装をまとっていなくても、心だけはエレガントに装います。そうすることで、お店のスタッフも最大限の敬意を持って接してくれるのです。

誰かに丁寧に扱ってもらえることは、おひとりさまにとってエネルギー充填《じゅうてん》のチャンス。気分が上がれば、運気も自然と上昇します。ちょっと元気がほしいな、と思ったときは、みなさんもぜひ心を装って、一人で素敵なレストランを訪れてみてください。

45 舞踏会に着ていくドレスがなくても「素敵なＺＡＲＡ」があるから大丈夫

前出の「薔薇の舞踏会」は、世界じゅうから著名人が集まるチャリティーイベントです。華やかにドレスアップしたセレブリティやモナコロイヤルズが集結するその光景は、私の感覚で〝金粉が空から降ってくるモナコ〟の空気を体現するかのような、圧倒的な煌《きら》びやかさを湛えています。

モナコのパレス前に住んでから、私もご縁によって参加させていただいているのですが、この舞踏会の話をすると、必ずといっていいほど、日本のみなさんにこんな質問をされます。

「舞踏会って、いったい何を着ていけばいいんですか？」

「舞踏会」と聞いて想像するのは、ディズニープリンセスや映画「ローマの休日」のような、自分の世界とは切り離された、まるで雲の上の出来事のような光景なのかもしれません。実際、私が代表理事を務めるソサエティの女性5名が、この舞踏会に私と一緒に参加することになったとき、みなさん口を揃えて「どんな準備をしていけばいいですか?」「ドレスはどうしたらいいですか?」と私に尋ねてきました。

ですが、私は不安がる彼女たちにこう答えました。

「大丈夫よ、モナコには素敵なZARAがあるから」

モナコでもっとも華やかなモンテカルロエリアには、実際に品揃えが充実したZARAがあります。おそらく、日本のラインナップとは少々違い、バイヤーがこの立地に合わせて仕入れを行っているのでしょう。手頃な価格で、華やかでおしゃれなドレスがたくさん店頭に並んでいます。だから、モナコに来てからでもじゅうぶん、舞踏会の素敵な衣装を調達することができます。

私は、今まで行ったことのないような場所、知らない世界に飛び込むとき、必要以上に身構えることはしません。なぜなら、**身構えてあれこれ準備に手間取ってしまうと、そのぶんスタートダッシュが遅れてしまう**からです。

出足が遅れてしまえば、つかめたはずのチャンスを逃してしまうかもしれない。出会えたはずの素晴らしいご縁に出会えないかもしれない。だから、とにかく身軽なまま、走りながら考えます。

ドレス1着くらいなら、今は大きな都市ならどこにだってお店はありますから、探すことには困りません。日用品だって、大きなキャリーケースになんでもかんでも詰め込んで日本から持ってこなくたって、現地調達ができます。ましてや、モナコのホテルには、だいたいのアメニティは揃っています。

重い荷物と一緒に、たくさんの不安や心配まで引き連れて舞踏会に参加するよりも、フットワーク軽く身軽に知らない世界に飛び込んだほうが、絶対に得るものが多いはず。だから、「薔薇の舞踏会」のことを日本人の女性に教えるときは、細かなルールや作法、絶対にこれじゃないとダメよ、といったことは一切伝えず、

「ZARAがあるから大丈夫、早くいらっしゃい」

とだけ伝えるようにしています。

46

アウトライアー(Outlier)
私にぴったりな言葉です

私が海外のTEDxに登壇させていただいたのは2022年のこと。アメリカのTED、および各国のTEDxは、"Ideas worth spreading"(広める価値のあるアイデア)という理念の下、世界各国からスピーカーを招いて開催されるプレゼンテーションイベントです。

私がお話しさせていただいたテーマは、「Aesthetic Awareness of Life」(人生の美意識)。この本でもお伝えしているような、**自分の手で未来を作るにはどうしたらいいいか、自分自身を幸せに導く方法**について語っています。

とてもありがたいことに、動画再生回数は100万を突破(2024年5月時点）、たくさんの方にご覧いただいているようです。

このＴＥＤｘの反響を受けてか、じつはもう一つ、海外からプレゼンテーションのオファーをいただいたことがあります。残念ながら、そのイベントは主催者側の諸事情で白紙となりましたが、そのときの打ち合わせで主催者側から、印象的なワードが飛び出しました。「あなたにこのテーマで話してもらうのはどう？」と提案されたのは、“Outlier”（アウトライアー）という言葉でした。

“Outlier”とは、異端児、部外者とも訳されますが、**通常値から大きく振り切れる、異常値、外れ値といった意味**もあります。

長年専業主婦だった私が、全世界に発信されるＴＥＤｘのステージで自分の生き方をプレゼンするなんて、誰が想像したでしょうか。まさに異常値の人生です。こんなにしっくりくるワードがあったなんて！　と、すごく嬉しかったことを覚えています。

自分の歩んできた道を披露するタイミングは、唐突にやって来ます。あなたがもし、ＴＥＤｘに登壇するとしたら、どんな「キーワード」で話しますか？　そんな妄想をしてみると、自分の人生に新たな発見があるかもしれません。

47

慈善事業こそ「楽しく派手に」がモナコの富豪のやり方

モナコ公室が主催する「薔薇の舞踏会」は、グレース公妃によって設立されたチャリティーイベントです。イベントの収益金はグレース大公妃財団に寄付され、**病に苦しむ子どもたちやその家族をサポートするために役立てられます。**

慈善事業ということで、質素で真面目なイベントを想像する人もいるかもしれませんが、公室主催ということもあり、「薔薇の舞踏会」は目が眩むほどの絢爛豪華さが特徴！　さらにエンターテインメント性にも優れたプログラムで来場者を楽しませます。

会場となるのは、モナコにあるコンベ

ンションセンター「スポルティング・モンテカルロ」の中でも格調高い「サル・デ・エトワール」。由緒あるホールでもあり、世界じゅうの貴族やセレブたちがその煌びやかな空間を楽しみます。

毎年3月に開催される**「薔薇の舞踏会」は、その年ごとに異なるテーマが設けられるのも特徴**です。2023年は「ボリウッド」で、インド映画さながらの壮大で華麗な会場装飾が話題に。インドのエネルギーと伝統を感じさせる極彩色のテーブルセッティングも来場者の目を楽しませました。

そして2024年のテーマは、なんと「ディスコ」。ダンスフロアに見立てた会場デコレーションに合わせて、1970年代の映画「サタデー・ナイト・フィーバー」を思わせるファッションに身を包んだセレブたちが、イベントに彩りを添えました。

アルベール大公の妻であるシャルレーヌ公妃は、なんと総スパンコールのジャンプスーツで登場。ロイヤルズたちの茶目っ気や遊び心もまた、同イベントを世界じゅうのセレブたちが楽しみにする所以《ゆえん》でしょう。

イベントのアートディレクターを務めるのは、世界一流のデザイナーたちです。2019年までは、「フェンディ」「クロエ」「グッチ」などのデザイナーを務めた、故・カール・ラガーフェルド氏が担当。2022年からは、クリスチャン・ルブタン氏が手がけています。もちろん、本人たちもイベントに参加しており、私がダンスを楽しんでいたすぐ隣に、彼らやジャネット・ジャクソンがいた、なんてことも当たり前の光景なのが「薔薇の舞踏会」なのです。

パーティーは社交界としての顔を持ちながらも、とにかくド派手です。大掛かりな打ち上げ花火も用意されており、慈善イベントというよりも「祝宴」そのもの。このド派手さこそが、モナコ公室の矜持《きょうじ》なのです。「慈善イベントだから質素に」ではなく、「慈善イベントだからド派手に」娯楽性の高い催しに徹する。それによって、世界じゅうのセレブたちが進んで参加し、より多くの寄付金を集めることに成功しているのです。

チャリティーイベントに対する先入観を一夜にして覆してくれた「薔薇の舞踏会」に参加してからというもの、**「こうあるべき」を脱却して物事をイメージすることの大切さを痛感しました。**だから、私が開催する人脈交流会は、スーツやジャケットで身を固めて名刺交換するのではなく、男性も女性もドレスアップして参加していただくようにしています。

第4章

ご機嫌をはぐくむ言葉

48

うまくいかないときは迷わず「心地よいほう」を選択して

モナコで暮らし始めて5年が過ぎました。初めて訪れた際に感じたモナコの第一印象は、〝まるで金粉が舞っているかのような国〟という衝撃的なものでしたが、実際に暮らしてみても、その印象はまったく変わっていません。

それどころか、日を追うごとに、私が第一印象で感じたインスピレーションは正しかったという確信に変わっていきました。

モナコに住む大富豪たちは、いつでも**エレガントで寛大**です。私もモナコで過ごすライフスタイルを持つ者の一人として、そのようにありたいと願いながら日々を送っています。

ですが、「家の中」でまで優雅でいる必要はない。そんなことも思うのです。

じつは初めて告白するのですが、私はあまりに忙し過ぎて心に余裕がないときやトラブル対応に追われてむしゃくしゃしたときは、ストレス発散のために「ポテチ」をヤケ食いするのが定番です。好みは、しっかりとした歯応えのある〝堅揚げ〟のポテチ（笑）。イライラが爆発寸前だと気づいたら、夜中だろうと朝方だろうとかまわずに、ポテチを無心で１袋食べてしまいます。

普段はオーガニックやＢＩＯ食品を中心にした食生活を心がけていますが、そんなときは添加物も一切気にしません。ジャンクフードを食べて気持ちが上向くのなら、それはそれでよし！　たまには自分を甘やかさなければ、疲れ果ててしまいます。

服装も、**家の中でまでエレガントでいる必要はまったくありません。**

私も外出から家に戻ったら、すぐに着心地のいいパジャマやホームウェアのどちらかに着替えて過ごすことがほとんどです。そこは自由気ままな一人暮らし。誰に気を遣う必要があるでしょう。家の中にいるときまで、歩きづらいシルクのドレスを着ていなくたっていいですし、休日はカウチポテトでダラダラとＮｅｔｆｌｉｘを見て楽しんだってＯＫです。

ほかの富豪たちがどうしているのかは確認のしようがありませんが、少なくとも、家の中での心地よさは、自分自身の基準で選んでいいのです。

日本の女性たちはいつでも完璧であろうとするあまり、「24時間こうでなければいけない」と思い込んでしまうところがあります。でも、けっしてそうではありません。オフはしっかり自分を甘やかす。それこそが、オンをしっかり切り替えるためのスイッチになります。

なんだかうまくいかないな、最近しんどいなと思うときには、迷わず「自分が心地よいほう」を選んでみてください。うまくいかないときは、だいたいは休息が必要なときなのですから、これ以上無理を続けていても、いずれ限界が来てしまいます。

私がいつでもご機嫌でいられるのは、**疲れたときには自分を甘やかすことを最優先にしている**からです。

49

マナーやルールに
気を取られているうちに
チャンスは足早に
逃げていきます

巷にはマナーに関する本や情報が驚くほどたくさん溢れています。高級レストランやパーティーなど、公の場での振る舞いのお手本を教えるのならまだわかりますが、「これはNG!」「あれもNG!」など、とにかくNG事項が多いことに驚きます。

数々の社交の場に参加させていただいた私からすると、そうした情報はすべてを「鵜呑みにしなくていい」とお伝えしたい気持ちでいっぱいです。極端なことをいえば、**マナーの正解・不正解なんて、要らない情報だとも思っています。**

「○○してはいけません」「○○もマナー違反です」そんな情報をすべて真に受

けてしまうと、せっかく煌びやかな場に誘われても、「私には無理……」と構えてしまいますし、参加したとしても、心から楽しめなくなってしまうでしょう。

マナーは、形だけ覚えて満足するためにあるわけではありません。マナーとは「相手に配慮すること」なのですから、目の前にいる相手に不快な思いさえさせなければそれでいいのです。

私もつい、食事中にナプキンを床に落としてしまうことがあります。本来のマナーとしては、自分で拾うのはNG。ウエイターを呼んで交換してもらう、とされています。でも、私は自分でパッと拾って何食わぬ顔で膝の上に戻します。足もとはたいがいテーブルクロスで隠れていますし、「あなた！　今ナプキン拾いましたね!?　マナー違反です！」と目くじらを立てて指摘する人には、今まで出会ったことがありません。

それより何より、**マナーを気にしすぎることで会話に集中できないほうが、相手に対して失礼です。**それに、会話が弾まなかったことで、もしかしたら大きなチャンスを逃すことになるかもしれません。

もし何か注意されたのなら、「失礼しました」と言えば済む話ですし、次から気をつければいいだけのこと。マナーは法律ではありません。思いやりなのです。

50

「ポジティブな言葉のシャワー」を浴びせ合いましょう

言葉は、**人に伝えるものだけでなく、自分にも返ってくるもの。**私は常々そう思って、コミュニケーションを取るようにしています。

モナコにやってきた当時、フランス語がほとんど話せなかった私は、自分が考えていることをうまく言葉にできませんでした。それでも、パレス前のメゾンを持つマダム・フローレスや、モナコに来てから知り合った親しい友人たちとは、特別な用事がなくてもスマホでメッセージを送り合うなどして、何気ないやりとりを重ねるようにしています。

その際に心がけているのは、ポジティブなメッセージを送るということです。

日頃の感謝の気持ちはもちろん、以前してもらったことで嬉しかったこと、こうして言葉を交わしていると心やすらぐ気持ちになること……。

込み入った話はできなくても、ポジティブな言葉を伝えることで、相手からもポジティブな言葉を受け取ることができ、自然とお互いの関係性が心地よいものになっていきます。

ときには、「私はね、人生の中でこんなことを糧にして生きているの」と、友人が大切にしている宗教的な教えなど、心の核となる部分を打ち明けてくれることもあります。私は、友人の新たな一面に触れたこと、そして自分のデリケートな部分を明かしてくれたことに感謝をして、友人の考え方を最大限尊重します。

たとえ、流暢にコミュニケーションができなくても、「ありがとう」「嬉しいわ」「あなたの考えを尊重するわ」「私はあなたのような友人を持てて誇らしいわ」などのポジティブな言葉を贈り合うことは、国や言語の違いを乗り越えるうえでとても大切なこと。

だから、モナコに来てから真っ先に覚えたフランス語は、ポジティブな気持ちを表す言葉ばかりでした。

自分が言われてやすらぐ言葉は、相手が言われても嬉しい言葉です。お互いにポジティブな言葉のシャワーを浴びせ合う。そんなコミュニケーションを心がけるだけで、用事がなくてもふとした瞬間に、私のことを思い出してくれるようになる。誰かが「思い出してくれる」というのは、特に異国の地ではとても心強いことです。

もちろん、買い物や事務手続きなど、齟齬《そご》が生まれてはいけないようなシーンでは、必要に応じて翻訳アプリを使うこともあります。ですが、**感謝の気持ち、ポジティブなワードはなるべく自分の中にバリエーションをストックしておいて**、すぐに取り出して相手と状況に応じた言葉を渡せるようにしています。

素直で前向きな気持ちは、たとえ拙《つたな》い文法であっても真意はしっかり相手に伝わるもの。それに、ポジティブな言葉を積極的に使っていくと、ネガティブな言葉たちの出番が自然と減っていきます。普段からどんな言葉を使っているかというのは、それだけ自分の「在り方」にも密接に関わってくるものなのだと感じています。

51

ジョークは日常生活のエッセンスであり厳格さを求めるのはナンセンス

人生に彩りを添えてくれるものはたくさんありますが、私が欠かせないと思っているのが「ユーモア」です。**日常のちょっとした瞬間に、さりげなく知的ウィットに富んだジョークを言える人**と出会うと、感激します。

モナコの四つ星ホテル「フェアモント・モンテカルロ」は、格式的には五つ星より落ちます。けれど、ドアマンの笑顔とユーモアセンスが唯一無二のサービスで心地いいのです。

私はここを何度か利用しているのですが、宿泊する日はなぜかいつも雨に降られます。モナコは年間を通して晴天が多く、その日は傘を持っていなかったので、ドアマンにホテルの傘を借りることにしました。２度目に利用したときにも偶然雨で、ふたたびドアマンに傘を借りて出かけました。そして３度目に利用したときのこと。今度は、モナコの〝いつもの〟晴天に恵まれました。するとホテルをあとにするとき、以前傘を貸してくれたドアマンが「今日は傘は必要ありませんね」とニコッと微笑みを浮かべ、「どうかよい一日を」と見送ってくれたのです。ドアマンは宿泊客の顔を覚えることも仕事のうちですが、気の利いたユーモアを添えてくれたことが嬉しくて、その日は一日じゅう、楽しい気分だったことを覚えています。

豪華さや格式の高さが一流ホテルのサービスとは限りません。ひとさじのジョークやユーモアを効かせることで、ハッピーな気分にさせる。そんな臨機応変なコミュニケーションこそが、「また利用したい」と思わせる秘訣なのでしょう。

フェアモント・モンテカルロが、四つ星ホテルでありながら五つ星と並ぶほどの高い評価で愛されている最大の理由は、ユーモアたっぷりのドアマンのように、**「人を幸せにするサービスとは何か」、その本質を知っているプロフェッショナルたち**の〝誇り〟にあるのではないかと思うのです。

52

24時間きれいじゃないとダメですか？

日本に帰国している最中にいつも感心するのは、「日本の女性たちはいつでも身ぎれいにしている」ということです。これから仕事に向かうであろう人、お店で買い物をしている人、カフェで働いている店員さんなど……。目に映る女性のほとんどがメイクに気を遣い、ヘアケアやヘアセット、人によってはネイルまで美しく整えています。**日本人女性一人ひとりの美意識の高さ**には、いつもあらためて感動してしまいます。

一方、モナコの女性たちはというと、普段はさほどメイクには気合が入っていません。世界じゅうの大富豪が集まる国なのに意外と思われるかもしれませんが、彼女たちの日常メイクは、地中海の厳しい紫外線を防ぐための日焼け止め、これだけです。昼間の女性たちは、そんな、メイクとも言えないスキンケアのみで終わらせていることがほとんどなのです。

ですが、夜になると女性たちは一変します。目元に華やかなアイシャドウを塗り、口元には真っ赤なリップを引いて、ぐんと華やかに変身！　昼と夜のモナコの女性たちを見比べると、その違いに驚くはずです。

モナコを含めヨーロッパでは、ディナーは恋人や夫婦で楽しむカップル文化が根付いています。だから、愛する人の前ではメイクも華やかなものにチェンジ。社交の場やパーティーでも、しっかりメイクをして出かけます。

普段は日焼け止めだけ、夜は赤いリップを大胆に。**モナコの女性はメイクのオン／オフがはっきりしている**のです。そんな女性たちのオフモードを見ていると、私もふっと肩の力が抜ける気がします。

ヘアサロンには頻繁に行く彼女たちですが、そのほとんどはヘアケアと常連さん同士のおしゃべりが中心。凝ったヘアカラーを施術したり、パーマをかけたりすることはほとんどありません。

爪先も、たまに真っ赤なネイルを塗っている人も見かけますが、日本のように凝ったネイルアートを楽しむ人はほとんど見かけません。ちなみに、ネイルアートの技術に関しては、日本のネイリストさんが世界一だと私は思っています。

そんなふうに、24時間きれいでいようとは考えず、オンのときだけ華やかさを楽しむ女性が多いので、日常生活はとても気楽です。私自身は昼間でも少々おしゃれをして出かけますが、メイクは必要最低限のことをパパッと済ませ、あとはさっとサングラスをかけて完成です。

メイクやネイルをするのが楽しい、自分のためにやっているという人は、もちろんそのままでいいと思います。そうではなく、**「周りからどう見られるか」の義務感に駆られて常に完璧なメイク**をしているのなら、少しだけ彼女たちの真似をしてみるといいかもしれません。

自分にとって大切な人の前でだけ、とっておきの自分を見せればいいのであり、全ての人の前で華やかであり続ける必要はないのですから。そう考えると、モナコの女性たちが教えてくれるのは、メイクそのものではなく、人間関係のオン／オフの切り替え方なのかもしれません。

53

女同士で羽を伸ばすより夫と一緒に楽しむのがモナコ流

モナコの夫婦を見ていると、そのパートナーシップには学ぶべきところがたくさんあると感じます。

日本ではよく、女性が夫を置いて食事に行き、夫の愚痴を言い合い羽を伸ばしてストレス発散をすることがありますが、この国ではそうした女子会やママ会に遭遇することはまずありません。

友人同士で食事に行くときには、必ず夫と一緒に出かけ、**夫婦で友人との交流を楽しむ傾向**があるようです。同じように夫も、男友だちだけでハメを外すために遊びに行くということをしません。

私も友人たちとよく食事に行きますが、既婚者の友人は必ず夫や妻と一緒にやって来て、夫婦ぐるみでお付き合いをしています。さらに、その会話の中には、良好なパートナーシップの秘訣を垣間見ることができます。

その秘訣というのは、「夫が妻をとことん褒める」ことです。たとえ友人の前であってもおかまいなし！　褒め方もとても自然体なので、「日頃からごく当たり前のように奥様を褒めているのだろうな」と想像することができます。

「女同士で飲みに行って夫の愚痴をこぼす」というストレス発散方法がこの国で一般的でないのは、モナコの男性の愛情の深さと、妻へのストレートな愛情表現の賜物《たまもの》なのかもしれませんね。

様々な夫婦の形があり、文化の違いもあるので、いつも「夫婦セット」で行動することには抵抗があるかもしれませんが、たまにはモナコの夫婦のように、友人夫婦同士で集まって食事や会話を楽しんでみてはいかがでしょうか。

夫や妻のいないところで愚痴をこぼしているよりも、**本人が目の前にいるところで褒めると、夫婦のパートナーシップはより良好なものに**なるはずです。

54

バックキャスティングで未来から見た自分を思考しましょう

自分が心に思い描いた目標を達成しようとするとき、どんなふうに計画を立てているでしょうか。いつまでに何をするか、現在をスタート地点に組み立てていく方法もありますが、目先のことに囚われ、行動が先送りになる可能性もあります。スピード感を持って目標を達成したいのなら、私は断然「バックキャスティング」をおすすめします。

バックキャスティングとは、**「望ましい未来」を実現するために、未来から現在へと遡りながら道筋をつけていく計画方法**のこと。どんなに革新的なチャレンジだろうと、常にビジョンを描くことで目標がぶれず、ゴールから逆再生するように、現在必要なアクションを選択していくのです。

私は2024年3月、国連関係者やTEDxスピーカーが集まる大舞台での「ビジョン共有会」において、SDGsの目標5「ジェンダー平等の実現」に関するスピーチをさせていただきました。もちろん、スピーチはすべて英語です。

若い頃に留学経験があるわけでもないですし、英語でのプレゼンテーションに慣れているわけでもありません。普通に考えれば、「私にはとても務まりません」と辞退してもおかしくはないと、私自身が一番感じていました。

しかも、オファーをいただいたのは、ビジネスの関係で日本に一時帰国中のタイミング。わずかな時間しかない中、スケジュールの合間を縫ってスピーチの練習ができるのかという一抹の不安もありました。ですが私は、もう二度とないかもしれない千載一遇のチャンスを、つかみに行くことにしたのです。

そうと決めた瞬間から、**「壇上で、英語で私の思いを伝え切る」というゴールを描き、バックキャスティングで計画**を立てていきました。

ゴールから考えてもっとも重要なのは、ペラペラと流暢に話すことやかっこいいパフォーマンスではありません。伝えたいことの本質、ニュアンスをネイティブの方が納得していただけるような、微妙だけど重要な、教科書的ではない英語表現です。たとえば、私は女性起業家の「育成者です」と伝えたい場合、"I am a nurturer" ではなく、やや謙遜しつつ、ネイティブっぽく "I see myself as a nurturer" と言うのが適切だったりすることなどです。

東京の拠点近くに運よく英会話スクールができ、３週間ほど集中レッスンを受けました。捻出できる時間をコマで区切り合間を縫って、言い回しやフレーズなどをマンツーマンで指導していただきました。スピーチの内容は、まず私が英文を書いてみて講師に見てもらい、不自然な点を確認しつつスピーチの練習を進めました。

本来ならば、まず原稿を完璧にし、次にスピーチの練習をするのが順序ですが、それでは絶対に間に合いません。**バックキャスティングでは、物事の最重要課題から対応していくこともできます。**あなたの現状や過去に囚われない発想で、あなたがあるべき姿に向かうための計画法なのです。３月のスピーチはと言うと……講師のレッスンのおかげで見事大成功！　２０２４年９月開催のＣ３サミットでの登壇の道が切り拓かれました。バックキャスティングの計画法なら、達成が困難そうに思えることも、きっと実現することができます。

55

ドレスコードも「おもてなし」の1つです

2023年、私はある1つの夢を叶えることができました。それは、「KELLY CLUB JAPON」発足のガラディナーパーティーを主宰できたことです。

世界で活躍する経営者やグローバル人材を招待したこのパーティーでは、特別な肩書きがある人しか参加できないわけではありません。

私が日本人で唯一モナコのパレスエリアに住めたのも、50歳からの起業で予想以上の年商を達成できたのも、すべては人とのつながりのおかげです。

人とのご縁で生かされてきたことを、誰よりも私自身が実感しているからこそ、起業家を目指す女性、これから変わりたいと思う女性たちにはぜひ参加していただきたいと思い、明るく開けたパーティーにすることにしたのです。

そんな中、私が考える「おもてなし」の１つとして、ドレスコードを設けました。日本では、四角四面の解釈が広がって堅苦しい形式がクローズアップされていますが、本質は違います。ホストとゲストが心を寄せ合う思いやりの表れなのです。

ですから、「女性は白か赤のイブニングドレス、男性はタキシードでご来場ください」というドレスコードを指定して、ご招待状をお送りすることにしたのです。

はじめはきっと、「イブニングドレスなんて、今まで着たことがないわ！　髪型は、靴は、バッグはどうすればいいの⁉」とみなさん戸惑われたと思うのです。

ですが、「普段とは違う装い」というのは、それだけで１つの貴重な「体験」になります。実際、華やかな装いに身を包んだ紳士・淑女のみなさんは、誰もが堂々と振る舞われていて、素敵な笑顔ばかりでした。

身にまとうもの一つで、本来持っているオーラを何倍にも輝かせることができます。

モナコで学んだ「装い」の魔法を、みなさんにも体験いただけたことは、私にとってもこの上ない喜びでした。

56
「サルトリア」を愛用するモナコ人の「持たない美学」

高級ブランド店や素敵なブティックが立ち並ぶモナコ。色とりどりのドレスや、品質の高さがわかるバッグ、洗練されたデザインの宝飾品など、ときめきを与えてくれるもので溢れていて、買い物好きの女性なら物欲を大いに刺激されるに違いありません。

ところが、モナコの富豪たちは私たちが想像するほど、「衣装持ち」ではないのです。なぜなら、彼らは「サルトリア」(sartoria)、いわゆるテーラーメードで洋服を仕立ててもらい、**自分に似合った服をお直ししながら大切に長く着る人が多い**からです。

腕利きの職人たちが仕立てるドレスや

スーツは、それだけで特別なもの。もちろん値は張りますが、満足感が高い一着を持っているからこそ、クローゼットの中はいつでも極めてシンプルで、モノで溢れかえることはありません。

高級ブランドの洋服やバッグでも、壊れたり身体にフィットしないなどの不具合があれば、お直しの職人さんに出して修理をしてもらいます。

私も、パーティー用に慌てて購入したドレスのフィット感がいまいちで、どうしたものかと困り果てていたときのこと。新しいドレスを購入しようか、でも安くないドレスをお蔵入りにするのも忍びない、そしてパーティーは数日後……。そんな悩みを友人に相談したところ、知り合いのサルトリアを紹介してくれたのです。

職人さんはドレスを着た私を鏡の前に立たせるなり、「ここはもうちょっと詰めましょう」「丈はこれくらいがいいわね」と、てきぱきとマチ針を打っていきます。あまりの仕事の速さに見惚れていたその数時間後には、ゆるゆるだったドレスがまさに**シンデレラフィットになって仕立て直されてきた**のです。その魔法のような職人技に一度でも触れてしまうと、「もう既製品の服は着られない」と思うモナコの富豪たちの気持ちもわかるような気がしました。

57

理想のパートナーシップは「個と個」であり続けられること

仕事のパートナーとして、法律に詳しいフランス人経営者がいたら、このビジネスはもっとスムーズに進められるのではないか。差別的な扱いも受けずにもっと強気に交渉できるのではないか――。ふと、こんなことを考えることがあります。

とはいえ、**「助けてくれる人がほしい」と誰かに甘えることとは、健全なパートナーシップとは言えません。**それをわかっているから、私は特定のビジネスパートナーをつくらずに、一人で経営に携わるほうが自分の精神衛生上もいいと考えています。

その思いは仕事に限らず、恋愛につい

ても同じことが言えるかもしれません。あるとき、人生の伴侶についてぼんやりと考えたことがありました。夫が亡くなってからというもの、私はシングルを貫いてきましたが、「誰かがそばで支えてくれたらいいのに……」とつい思ってしまったのです。そのとき私は、「パートナーに依存しようとしている自分の心」に気づきました。人間ですから、誰かに甘えることもあるでしょう。でも、相手に寄りかかろうとしている自分の気持ちに気づいたとき、それは愛情ではなく依存だと理解したのです。

大人同士の恋愛であっても、**依存せずに愛情を注ぎ合うというのは思いのほか簡単ではありません。**

無償で注がれる愛情に甘えて、いつの間にか過度に期待しすぎたり、わがままな気持ちが芽生えてきたり、自分の都合がいいように相手の人生をコントロールしようと考えてしまったり……。無意識のうちに、人はどんどん身勝手で傲慢になっていきます。惚れた腫れたの恋愛にこそ、そういったことが起こりやすいのです。

相手への依存や執着が強まれば強まるほど心の軸はブレていき、自分の人生を相手に委ねることになりかねません。医師である夫に寄りかかり、「医師の妻」として生き、夫が亡くなった瞬間に何者でもなくなった私は、「自分だけの列車を動かす」と決めました。もう二度と「誰かの列車に乗る」ことはしたくないのです。

だから、私が考える本当のパートナーシップとは、「私は私の人生を歩むから、あなたはあなたの人生を歩んでね」と言えることではないかと思っています。

互いに依存し合わず、ときに助け合う、知恵を出し合う。それぞれの世界観を持ち、その世界観を尊重し合うこと。それが、私が考える「人生を共にするパートナーとの理想の関係」です。

恋愛では、自分のことより何より、「相手のことを知りたい」という気持ちが先行しがちです。しかしながら、相手を知り尊重するということは、まず自分自身について深く考え、自分が大切にしたいことを尊重できていることが大前提です。

そうでなければ、相手に対して自分の意見を伝えることができず、**相手が「青がいい」と言えば、自分も「青に従う」人生になってしまうからです。**

人は誰でも自由に生きられる尊厳があり、恋愛だけが例外というわけではありません。どちらかが主導権を握る関係性は、いずれ破綻してしまうと思うのです。

誰かに支えてほしい――。そうした思いがよぎった私だからこそ、今でもシングルを選んで生きているのです。

58

大切なのは目標の「設定」よりも目標を「アップデート」することです

元日という節目には、年頭の目標を決めるという人も多いかと思います。遠くに見える山の頂上に立った旗に向かって、今も日々努力を続けている方もいらっしゃるでしょう。

私も、目標は立てています。いくつもの目標を頭に思い浮かべながら、具体的にどんなことをすればいいのか、何が必要かを考えながら日々を過ごしています。

ただし、**私の目標はコロコロと変わるのが特徴です**。ある目標に向かって走っている途中でも、より魅力的なチャンスがやって来たら迷わず立ち止まってキャッチ！　新たな目標を立て直す必要があるなら迷わずそうしますし、以前からあためておいた目標を引っ張り出して、今の目標と入れ替えたりもします。

そんなにしょっちゅう変更していたら、それは目標と言えないのでは？　と訝しがられるかもしれませんが、自分も社会も日々刻々と変わっていくのです。目標だけ「設定したときのまま」に固執する必要は、どこにもありません。

国家予算を途中から変えることはできませんが、自分一人の目標はいつだって変えられるのがメリットです。この目標をクリアするのはちょっと疲れるなと思えば、「やーめた！」でもいいですし、渋々努力を続けている目標なら、思い切って見切りをつけ、次へ進んだほうが時間の無駄にもなりません。

目標について語るとき、しばしば「初志貫徹」という言葉がセットで用いられます。でも、**私はむしろ「朝令暮改」という言葉のほうが今の時代に即していると感じます。**

設定したことに満足して、メンテナンスもアップデートも行わない。そんな「形骸化した目標」のほうが、よほど意味を成していないと思います。目標リストの中でそうした項目があるのなら、今すぐアップデートするか、いっそゴミ箱に捨ててしまいましょう。

アップデートを伴わない目標は、あなたの時間と労力を奪っていくだけなのです。

59
「隠す収納」とは無縁の「お気に入り」で溢れるモナコの家

日本とモナコのライフスタイルにおいて、〝ささやかな違い〟ながらもハッとしたことがあります。それは、部屋づくりに対する意識の違いです。

日本では、こまごまとしたモノや生活感が溢れる日用品をなるべく隠す「見せない収納」がトレンドで、見せない収納のアイデアを発信する本やＳＮＳはとても人気がありますよね。

一方、モナコでは、モノを隠して部屋をすっきりさせる「見せない収納」という概念はほとんど浸透していません。そもそも、**隠さなければならないほどの量のモノを家に置かない**こと、お気に入りのインテリアしか身の周りに置かないこと。そんな美学が、モナコの富豪たちにはあるからだと思います。

モナコの人たちは、サルトリア（仕立て屋）で洋服を仕立て、お直ししながら大切に着る人が多い、とお伝えしましたが、家の中も同じ。余分なものは買わず、自分が心地よいと思えるものしか家に置いていないのです。

だから、**「気に入らないものを隠す」のではなく「気に入っているものを見せる」**ことが、部屋づくりに対する考え方の基本といえるでしょう。

世の中には便利なものが溢れていて、１００円ショップにはアイデア商品が何百個も並んでいます。ついつい欲しくなってしまう気持ちもわかりますが、結局あまり使わないまま、生活空間がモノに支配されていることも珍しくありません。

モノを極力持たない「ミニマリスト」や、不要なモノを手放す「断捨離」が流行るのも、モノで溢れかえった生活は豊かさを与えてくれるどころか、心を圧迫する原因になっていたと気づく人が多いからではないでしょうか。

本当に愛せるものだけを身の周りに置くことは、自分自身を大切にすることと同義です。隠さずに見せる、モナコの富豪たちの部屋づくりを真似すれば、一日じゅう家にいてもご機嫌でいられる空間に近づけると思います。

60

地元愛に溢れたモナコ人は究極の〝ジモティー〟

外国人の富豪たちが数多く暮らすモナコ。昔からここに住んでいるモナコ国籍を持つ人たちは、人口の約16％しかいないと言われており、そのほかは外国人の移住者が占めています。日本からやって来た私も、もちろんその中の一人です。

この国の人たちは、外国から来た富豪たちをあたたかく迎え入れてくれますし、積極的にコミュニケーションを交わします。**他者に寛容なモナコの人たち**ですが、同時に彼らは**自国への愛と誇り**を忘れることはありません。彼らは、戦争によって苦しい時代を過ごした歴史を語り継ぎ、自分たちのルーツを大切にしています。

それは、公室が、国民の身近な存在であることも大きいのだと思います。

先祖代々モナコで暮らす私の友人は、現在の君主であるアルベール大公と小学校の同級生だったそうで、よく一緒にいたずらをして遊んだことを楽しそうに話してくれます。ロイヤルファミリーはこの国の人たちにとって非常に身近で、家族同然の存在なのでしょう。

それに、人々は生活の面でも国から優遇されています。たとえば、住宅手当や仕事の紹介などを国から受けることができますし、国土が狭く車を駐車できるスペースが限られていますが、モナコ人は施設に近い場所に優先的に停めることができます。王宮で働く人たちもみな自分たちの仕事に誇りを持っていて、お互いが家族ぐるみでつながっているような、親密な人間関係を築いています。

自分たちが暮らしを営む土地、そこに暮らす人々に愛着を寄せるモナコ人は、まさに究極の〝ジモティー〟です。国じゅうどこへ行っても美しく平和な空気で溢れるこの地は、モナコ人の矜持と、心豊かな富豪たちとの調和がもたらしているのだと感じます。

住んでいる国、暮らす人々に「愛着と誇り」を持つことの大切さを、彼ら・彼女らは教えてくれます。

61 「相手を思う装い」が心地よい時間をつくる

ちょっとした外出のときにも、私はルームウェアや普段着ではなく、少しだけおしゃれをして出かけるようにしています。

私が普段からおしゃれをするのは、車の運転席から**「お先にどうぞ」と微笑んで道を譲ってくれるムッシュ**に、堂々と明るい笑顔を返したいから。そんな理由もありますが、じつはもう一つ理由があります。

それは、モナコの女友だちとカフェに行ったときの出来事です。

ある日、「お茶でもしない?」と女友だちに誘われた私は、ワンマイルウェアにちょっと毛が生えたような格好で待ち合わせ場所に向かっていました。気心が知れた友人のお誘いだったので、今回も気軽におしゃべりするものと思っていたのです。

けれど、待ち合わせ場所に現れた彼女を見て、「やってしまった！」と思いました。彼女は、シンプルながらも上品なワンピース姿でやって来たのです。

彼女が連れて行ってくれたのは、モナコのヨットハーバー近くにある、波の音が間近に聞こえるおしゃれなカフェでした。きっと、私に素敵な体験をさせようとそのお店を選んでくれたのでしょう。

カフェにドレスコードはなく、厳密に言えばどのような格好でも問題はありません。ですが、私の気の抜けた格好のせいで、せっかくお店を選んでくれた彼女に居心地の悪い思いをさせているのではないかと、会話を心から楽しむことができませんでした。

カフェのウエイターも、素敵なワンピースをまとった彼女に対しては愛想良く振舞っていましたが、ワンマイルウェアに毛が生えたような服を着ている私には、あきらかに素っ気ない態度でした。

誤解しないでほしいのは、そのウエイターはけっして服装や人種で接客に差を付けたわけではないということです。自分が働く店に素敵な装いで来てくれた女性に対して、最高のサービスでもてなしたい。そんな気持ちが、ほとんど無意識に働いているのだと感じました。

その気持ちは、私にもわかる気がします。ビジネスの場で人とお会いするとき、素敵な装いでお相手が現れると、私に敬意を払う装いをして来てくださったことに感じ入ることがあるからです。

だからそのカフェの一件以来、私は女友だちとのお茶であっても、**「相手を思う装い」を大切にするようにしています。**「相手を思う装い」といっても、高級品を身につけたり、豪華なドレスをまとったりする必要はありません。自分が素敵だと思えるお気に入りの洋服を着て、日常よりちょっぴりおしゃれをして、笑顔で友だちとの待ち合わせに出かけるだけでいいのです。

私なんかがおしゃれして行ったら、友だちに笑われちゃう——。そうした無用な心配をして「いつもの着慣れた普段着」にばかり手を伸ばすことは、「自分を見捨てる」ことにつながります。おしゃれした自分を、友だちに「今日は素敵ね」と褒めてもらう。店員さんにちょっとだけ丁寧に扱ってもらう。相手を大切に思うことで、自分も大切に扱われる。誰にでも簡単に、そんな経験ができるのですから。

62

モナコはレディファーストではなく「マチュアなレディ」ファーストです

女性の「若さ」がもてはやされるのは、なぜなのでしょうか？　肌のハリ、ツヤ、フレッシュさ……そうした若さゆえの美しさや魅力は、当然ながらあります。ですが、それらはしばしば「失われていくもの」として表現され、年齢を重ねることで「市場価値が落ちた」かのような評価を周囲から〝勝手に〟くだされることもあります。

「若見え」「マイナス10歳肌」といった言葉に惹かれる女性は少なくありませんが、これは「若さ」が絶対的な正義として定着しているがゆえのもの。年齢を重ねるのと比例するように、失われていく見た目の「若さ」を取り戻すために腐心し、一喜一憂する女性たち。「若く見えますね」と言われて喜ぶのも、「若さこそ正義」と思い込ませてきた、社会に問題があると感じます。

私は、**若さが正義だとは思いません**。女性も男性も、見た目だけでその人の価値を測ることはできませんし、経験を重ねたからこそ醸し出されるオーラも含めて、その人の魅力だと思うからです。

モナコのレストランに食事に行くと、ウエイターがまずメニューを差し出すのは年齢を重ねた女性です。いかにも威厳があり、「支払いをするのはこの人だろうな」と一目でわかる男性が同席していても、若く美しい女性が座っていても、ウエイターの優先順位は常に明確です。

なぜなら、モナコでもっとも尊重されるのは「マチュアな女性」だからです。マチュア（mature）とは、英語で成熟した、円熟した、という意味。ヨーロッパはもともとレディファースト文化ですが、モナコでは**人生経験が豊かな成熟した女性こそが、もっとも尊重される**のです。

年を重ねることは、女として「終わる」ことではありません。自分が培ってきた豊富な経験は、「見た目の若さ」よりもずっとずっと価値のあるものです。

63

「プリンセスを演じる覚悟」私がグレース・ケリーに魅せられた理由

モナコという国をイメージするとき、世界じゅうの人がある女性のことを思い出すのではないかと思います。

それが、**元ハリウッド女優で、モナコ公国の公妃として愛されたグレース・ケリー**です。

1954年に公開されたアルフレッド・ヒッチコックの映画「裏窓」において、その気品溢れる美貌とエレガンスさで世界じゅうを魅了したグレース。その後も出演作は次々とヒットし、25歳のときには「喝采」でアカデミー主演女優賞を獲得。女優としての地位を確固たるものにしていきます。

グレースが26歳の1956年には、モ

ナコ公国のプリンス、レーニエ大公との結婚を発表。惜しまれつつも女優業を引退し、モナコ公妃として生きる覚悟を決めます。

ですが、王宮での生活が始まったグレースは、歴史ある王宮のしきたりになかなかなじめなかったと言います。さらに、何か意見を言おうものなら、「アメリカ流」と批判されてしまいます。

「まるでおとぎ話のよう」と世界じゅうから集まった羨望とは裏腹に、結婚当初はホームシックにかかるなど、苦悩の時間を過ごすことも少なくなかったよう。

しかし、グレース公妃はプリンセスという役を演じることをけっしてあきらめず、52歳でその短い生涯を閉じるまで、国の繁栄と国民の豊かな生活のために力を尽くしました。

「自分の直感や第一印象を信じなさい」

これは、グレース公妃が残した、私が大好きな言葉です。人気絶頂で女優業を引退し、母国をあとにしてただ一人モナコ公国へ嫁いだグレース公妃。

自分の直感を信じて「前に進む」ことは、簡単そうに見えて、誰にでもできるものではありません。**直感とは、誰かが「こちらで間違いない」と太鼓判を押してくれる**

ものではありませんし、自分の直感が周囲からの賛同を得られるとも限らないからです。

それでも、私は大好きなグレース公妃の言葉に、深く共感するのです。最後に信じるべきは、誰かの言葉や、誰かの生き方ではありません。この世界でたった一人の「自分」の直感です。

私もモナコに住むことを決めたのは、直感以外の何ものでもありません。日本で培った心地よいものたちを手放し、あえて見知らぬ土地に身を投じることは、ある意味大きな「破壊」行為だったとも言えるでしょう。

ですが、グレース公妃もそうであったように、自分の直感を信じて選んだ道は、自分で責任を持って歩むことができます。たとえ最初は周囲になじめなくても、覚悟を決めたのなら自分でフィットさせていくことができる。グレース公妃が自らの手でそうしたように、**自分の人生に花の種を蒔いていくのは、自分の手でしかないのです。**

第5章

謙虚さをはぐくむ言葉

64

「医師である夫」が亡くなってから「医師の妻」だった私は自分の列車を走らせました

夫が急逝したのは、2011年のことです。結婚したきっかけは、祖母の紹介によるお見合いでした。

夫は眼科医として病院を開業し、メディカルサポート法人も立ち上げるなど、地域医療への貢献に熱心な人でした。私もメディカルサポート法人の代表取締役に就任しましたが、経営に関する知識はほとんどありませんでした。

この時点では、夫を亡くした悲しみの中ではありましたが、なんとか必死に、病院の立て直しに立ち向かっていきました。いろいろ手を尽くしましたが結果的には、病院自体は閉院することに。

そしてここで踏ん張っていった経験が、

その後の私に力をみなぎらせてくれたことは間違いありません。幼少期から、事業を営んでいた実家で、祖母や父が仕事相手とやりとりしながらビジネスを進めていく姿を見て育ったことが、リスタートした私の経営センスに一役買っていたのでしょう。

そのとき、私はやっと気づいたのです。

「私は、自分の人生を歩んで来なかったんだ」

結婚してからの人生は、夫の列車に乗せてもらっていただけの、ただの乗客でした。だから、**夫の列車が止まった瞬間、私の人生も急停止してしまったのです。**

誇りを持って、医師である夫を支える妻の役割を全うしていたつもりでしたが、銀行からしてみれば、私はビジネスのことを何も知らないただの「医師の妻」。「経営を立て直します」と熱心に語ってみても、その裏付けとなる材料は何一つ持っていませんでした。

どうあがいてみても、夫の列車はもう発車しない。それなら、私は自分の列車を走らせるしかない――。

夫が亡くなったことで、自分がいかに無色透明な存在だったかを自覚した私は、そこでようやく目が覚めたのです。

女性には、ライフステージの変化と共に、様々な役割が求められます。若い頃には、行儀よく慎《つつ》ましい女性であること。働き始めると、命令に従順でよく気が利く女性であること。そして結婚をすると、夫を支えるよき妻であること。子どもを授かれば、やさしく聡明な母であること——。

現代では、様々な価値観や働き方が認められ、「女性は〜」という枕詞《まくらことば》そのものが否定されつつあります。それでも、いつの間にか社会の理想に自分を押し込め、「私」の在《あ》りかを見失っている女性は、まだまだたくさんいると感じています。

私が自分の列車を動かし始めたのは50代になってから。「私」を取り戻していく過程は、とてもタフで根気のいる作業でしたが、同時に楽しいものでもありました。

社会から、一度は「透明人間」として扱われた私が、今は経営者としてモナコに拠点を置きながら、世界を相手にビジネスをしているのですから、人生とは本当に何が起こるかわかりません。

人は何歳からだって、自分の存在意義を自らの手で作り出すことができます。今乗っている列車と違う方向に行きたいのなら、新たな列車を自分で走らせることだってできる。それは私だけの特別な能力ではなく、すべての人に備わっている力です。

65

「お金づかい自慢」ほど無意味なものはありません

お金持ちの象徴の１つに、「車」があるかもしれません。世界に数台しかない高級車を所有していたり、ガレージに何台も車を持っていたり……。車が趣味ならわかりますが、中には「自慢したい」という虚栄心だけで車を所有している人もいるのでは……。

ですが、超富裕層が暮らすモナコでは、「モノ」を自慢する人はほとんどいません。モナコにおいて、資産における車の割合は約２％と聞いたことがあります。どちらかというと**自転車と同じような感覚**です。

有り余るほどの資産を持つモナコの富豪たちは、モノを所有すること、自慢することに価値を見出していません。なぜなら、無限にお金がある彼ら・彼女らは、好きなモノを買えて当たり前だからです。

本当の富豪たちは、「お金づかい自慢」をけっしてしません。価値を見出しているのは心の豊かさであり、あたたかな家族のつながりであり、社会貢献することだからです。

意外かもしれませんが、モナコの富豪たちは車で20分かけてイタリアの市場まで安くて新鮮な野菜を買い出しに行ったりします。そして家で調理し、家族で食卓を囲んだり、親しい友人を自宅に招いて料理を振る舞ったりします。それが、本当の豊かさであり、幸せなことだとわかっているからです。

だから、「お金づかい自慢」「車自慢」「高級ブランド自慢」をしてくる人がいたとしても、私は**「それはよろしかったですね」と笑顔で返して終わり。**媚びへつらうことも、持ち上げることもしません。

幸せの価値観はそれぞれですから、モノにお金を使うことに幸せを感じるのなら、それも否定はしません。ただ、もしみなさんの周りに「お金づかい自慢」をする人がいたとしても、顔をひきつらせながら褒めそやす必要はないのです。何度でも言いますが、お金づかい自慢ほど意味のないものはありません。

66

未熟な自分を愛することで人として成熟できる

私は、管理能力がまるでありません。謙遜で言っているのではなく、本当に「ゼロ」なのです。

弱点があるということは、見方によっては「人として未熟」なことかもしれません。しかも私はビジネスウーマンです。管理能力、特にタイムマネジメントが苦手という性質は、ある意味致命的とも言えるでしょう。

ですが私は、管理能力がないという自分の弱点を克服しようとは思っていません。そんな自分をよしとしています。

むしろ最初に、**「私、管理能力がないからよろしくね」と周囲の人たちに伝えてしまいます**。それはなぜかと言うと、はじめから弱点をさらけ出すことで、管理が得意な人がサポートを買って出てくれるからです。

もちろん、「サポートしてもらう」だけでは少々肩身が狭いので、私は自分が「得意なこと」も、はじめに宣言しておきます。私が得意とするのは、新しい着想を得たり、イメージを具現化すること。そうした創造性が必要とされることが「誰かの苦手ゾーン」だったときには、「私の得意」を総動員させて力を尽くします。

人と人との関係は、球体を作るパーツのようなものだと思います。私が持っているパーツだけでは、どうがんばってもきれいな球体は作れません。一人ひとりが「得意」なパーツを持ち寄り、組み合わせることで、きれいな球体ができあがるのです。

何もかもを一人で完璧にこなすことは、とてつもない労力を必要とします。それに、苦手なことを隠して「得意なフリ」をしていると、ミスしてしまうんじゃないか、本当にこれで大丈夫なのかと、不安や心配が常につきまといます。

そんな**緊張の毎日を送るくらいなら、自分の手の内をはじめに明かしてしまったほうが絶対にラク**。それに、周りの人たちも手を差し伸べやすくなります。

「あなたをフォローするのはもういや」と言って離れていく人がいたら、「あら、ごめんなさいね」と言って背中を見送ればいい。その人とは、1つの球体を補い合える関係性ではなかった。ただそれだけのことなのですから。

ですが、昔からこんなふうに思えたわけではありません。祖母と父は会社を営んでいたこともあり、幼少期から「ご近所さんが見ているからきちんとしないと」と、常に人目を気にする生活を送っていました。この家にふさわしい子でいよう。そうしてなるべく完璧な自分を目指し、分厚い鎧《よろい》を身につけていました。人様に弱みを見せるなんて、考えたこともありませんでした。

眼科医だった夫が亡くなり、自分で事業を手掛けるようになってからは、ままならないことばかりでした。それこそ、数え切れないほどの失敗をしました。完璧を手放さなければ、きっと私は潰れていたことでしょう。でも、完璧をやめてみると、心が少しずつ自由になれたのです。ダメな自分でさえも、認めてあげられるようになりました。

自分の弱点、未熟さを認められると、誰かに対しても完璧さを求めることはなくなります。**完璧さという堅い鎧を脱ぎ捨てて、生身の弱さを受け入れること**は、本当の自分の人生を歩み、本当の信頼関係を築くことにつながっていくのです。

67

他者を見下す気持ちは澱のように溜まっていく

私は女性たちの人生を切り拓くためのコンサルティングの仕事もしています。主な役割は「変わりたい」と思っている女性の背中を押すこと。これからどんな人生を歩みたいのか、女性一人ひとりに話を聞き、実現するための方法についてアドバイスを行います。

お話を聞く中で常々感じているのは、少なくない女性たちが**「人生の舵取りを誰かに委ねてしまっている」**ということです。たとえば、海外で起業したいという女性から相談を受けたとき、こんなやりとりがありました。

「素敵じゃないですか！　いつ頃から準備を始めましょうか？」

「あの……具体的なことは、夫や子どもにも相談してみてからでいいですか」

「あなたがやりたいことなのだから、そこは自分で決めてみませんか？」

「でも、反対されるかもしれないですし、本当に自分にできるか不安だし……」

夫や子どもが、自分の人生を代わりに歩いてくれるわけではありません。「しない」道を選んでも、責任を取るのは自分自身です。それなのに「でも」「だって」「私なんか」と口にするのを、やめることができない女性がいます。


もし、**心からやりたいことがあるのなら、誰に何を言われようと「やる」ことです。**

反対する相手が夫や子どもであろうと、あなたとは別人格の人間だからです。

やりたいことを「やる」前提で工夫できることはたくさんあります。それなのに、はじめから「誰かのせいにしてやらない」選択肢を加えてしまうのは、自分の人生の舵取りを自分でする気がないということです。

冷たいかもしれませんが、私はクライアントの女友だちではありません。「やる」を具現化するためのアドバイスを行うことが仕事な以上、「やらない」人に対しては何もできることがないのです。

だから、いつまでも決断を迷っている人に対しては、「やる気がないのでしたら、私のアドバイスはここまでです」とはっきりお伝えするようにしています。

誰かのせいにできる人生ほど、ラクなものはないでしょう。自分の人生で後悔することがあっても、「あのとき、夫に言われて夢をあきらめた」「子どものことを考えてやめた」と言い訳をすれば、自分を責めずに済みます。

そして、自分が実現できなかった未来をほかの誰かが叶えたとき、こんな感情が芽生えるかもしれません。

「あの人の実力じゃない。コネがあったから成功できたんだ」

「私だったらもっとうまくやれた。夫や子どもの言うことをきいてあきらめただけ」

他者の実力を認めず見下したり、自己保身に走り始めると、たとえそれを口に出さなくても、**暗くよどんだ感情が胸の中に蓄積していきます。**そうなると、本来は個性を形づくっていた明るいオーラも、暗くよどんでいってしまいます。

本当は「できる」のに、「しない」選択をする人は少なくありません。未来は誰にも見えませんから、不安や恐怖が頭をもたげるのもわかります。

でも、「今を変える」ということは、極端な言い方をすれば「今を破壊すること」でしか成し得ません。起爆装置のスイッチを押すことができるのは自分だけです。人をうらやんだり嫉妬することにだって、膨大なエネルギーを使います。そのエネルギーを、「現状を爆破するエネルギー」に転換して、未来に進む力に変えていくのです。

そもそも、やりたいことに夢中になっていれば、キラキラと輝いている人の言動すら目に入ってきません。自分のことで忙しくて、それどころではなくなるのですから。口に出さないのならどれだけほかの人のことを悪く思ってもいい、見下してもいい。そう言い聞かせて心の中で愚痴を吐き続けていては、やりたいことが向こうからやって来てはくれません。**心の澱《おり》を自ら溜め込んでいる人には、「逢いたい」と思ってくれる人が現れない**からです。

過ぎ去った過去を爆破することはできません。でも、私たちは今を生きています。今変わりたいと思うのなら、いつだって爆破スイッチを握っているのは自分だということを忘れないでください。

68

毎日必要なものを必要なぶんだけ手に入れるのが本当の「豊かな暮らし」

忙しい現代人は、食べ物に対しても工夫が欠かせなくなっています。週末に買い溜めしておき、作り置きのおかずを冷蔵庫や冷凍庫にストックする。日本の家庭の冷蔵庫は、どんどん大きくなっているように感じます。

日常生活を円滑にするための工夫はもちろん必要ですが、飽食の時代と言われて久しい中、食べる量以上の食品を買い込み、いつの間にか腐らせてしまうこともあります。私もかつては忙しさにかまけて、そんな生活を送っていました。

モナコに暮らしてからは、**その日必要なものを、必要なぶんだけ購入する生活**に変わりました。モナコではマルシェが充実しており、フランスやイタリアの生産者からの新鮮な生鮮食品が並んでいます。しかも、日本のスーパーのように「パック売り」ではなく、量り売りが基本。だから、「今日使うぶんだけ」をマルシェで買って帰るのが、モナコの人たちの日常です。

かつての日本でも、自分で畑を耕し、その日の朝に採れたぶんだけを大切に食べる。そんな生活様式が当たり前でした。何でも手軽に手に入れられるようになったのは日本もモナコも変わりませんが、その生活スタイルには大きな差が見られるように思います。

自分が食べるぶんだけを手に入れて、その日のうちに食べ切る。人間としてごく自然なことですが、そんな**当たり前の生活が豊かに感じられてしまうほど、現代人は忙しすぎる**のだと思います。

モナコのマルシェでは、それぞれが頭の中に今日作る献立を思い浮かべながら、必要な量を店主に伝えます。食品ロスという言葉が縁遠く感じるその光景を見ていると、「食事」とはたんなる作業やエネルギー補給の手段ではなく、命に感謝する「豊かなもの」だったのだと思い出させてくれます。

69

自分一人の考えは すぐに底を突くから みんなで議論するのです

自分を変えたいと思ったとき、「できない」ことにばかりフォーカスすると、身動きが取れなくなってしまうことがあります。やりたいことがあったとしても、資金がないから無理、私はこれが苦手だからできない、ノウハウを持っていないから難しい……。その結果、「やっぱり私にはできない」とあきらめてしまう。それは、あまりにもったいないことです。

せっかくやりたいことを見つけたのなら、**「できない」ことをいかに「できる」に変えられるか**を考えるべきです。

多くの人は、「できない」という結論にたどり着くまでのあいだ、「自分一人」

だけで思考していることがほとんどです。けれど、世の中のビジネスを見渡してみると、その多くは、一人の天才から生まれたものではありません。

ディズニーの「ブルースカイ・ミーティング」がそのいい例です。ブルースカイ・ミーティングは、まず数人で大きなアイデアを描くところから始まります。無限に広がる青い空のように、自由にアイデアを出しながらも、「アイデアの実現は可能である」という考えが大きな軸となっています。

ディズニーのテーマパークでは、私たちの想像をはるかに超えるアトラクションや感動への仕掛けが用意されていますが、ブルースカイ・ミーティングでは複数人で意見を出し合い、どんな感動を与えられるか、自分たちはどう感じたかを話し合うと言います。先入観や慣例などには囚われない、自由な意見が交わされるそうです。

ゼロから何かを生み出していくということは、膨大なエネルギーが要る作業ですよね。自分一人で考えても、アイデアはすぐに底を突いてしまいます。だから、アウトプットはみんなでやるのです。

自分を信じることは大切ですが、誰かの意見に耳を傾けることも同じくらい大切なことです。ディズニーが手掛けるような大きなプロジェクトでなくても、誰かに意見を聞く、アイデアを出し合うことで打開策が見つかる可能性はぐんと高まります。

ただし、できるだけ自分と関係性が近くない人に聞くことがポイントです。親しい人とだけ議論を交わしても、ブルースカイとはほど遠い「手のひらサイズ」のアイデアしか出てこないからです。

仲のいい友人やいつものメンバーとの議論は、お互いの思考や得意なことも知っているぶん、摩擦も起こらずスムーズでしょう。ですが、そうした**心地よい議論の中では、未来を変えるような革新的なアイデアは生まれません。**

自分とは異なる考えを持つ人、自分とは遠い関係性の人、普段は話さないけれど尊敬している人、そんな人たちに声をかけて「私はこういうことをやりたい。あなたはどう思う?」と尋ねてみてください。

きっと最初は、思いもよらないような答えが返ってきて混乱するかもしれません。ですがその混乱と先入観の破壊の先にこそ、「できない」を覆すための大きなヒントがあるはずです。

70

人生は「予想外」のことしか起こりません

とある大規模なイベントを企画していた私は、開催直前になって思わぬ事態に巻き込まれました。なんと、押さえておいた会場が、先方の手違いで開催予定日に「使えない」ことがわかったのです。

一瞬、意識が遠のきましたが、ここで倒れている場合ではありません。すぐさま気を取り直して、代わりの会場探しを始めました。

私の事業をサポートしてくれるスタッフはいますが、仕事の核となる重要な部分はすべて自分でこなします。今回の会場探しは緊急を要する超最重要事項。決定権を持つ私自らが動いたほうが早い。

そう判断したのです。

思いつく限りの会場をピックアップし、ネットで検索して電話をかけまくっていると……なんと、運良く開催予定日に空いている会場を発見！　さらに、もともと押さえていたところよりも理想的な会場でした。怪我《けが》の功名《こうみょう》とはまさにこのことです。

会場変更に伴い、チャーターバスにも急いで連絡を入れることに。てんやわんやの一人お祭り騒ぎ状態でしたが、やっと一段落がついて思ったのは、「結果オーライじゃない!?」ということでした。

格式ある会場に運良くグレードアップできたこと。まだ変更が可能な段階で今回のトラブルが判明したこと。ちょっとバタバタしたけれど、私は**「トラブルが起きてむしろよかった！」**とさえ思えました。

抜かりなく準備していても、何かしら不測の事態が起こるのが人生というものです。これなら盤石《ばんじゃく》だと思っていた未来への礎が次々と崩れていくのを経験してきた私は、まさにトラブル続きの人生と言ってもいいかもしれません。

今回トラブルを乗り越えられたのも、過去の経験でみっちり鍛え上げられた「トラブル対応力」の賜物でしょう。それに、私は心のどこかでいつでもこう思っているのです。

「人生には、予想外のことしか起こらない」

私たちは未来が見えない「今」しか生きられないのですから、これから何が起こるかなんて誰にもわかりません。だからもし、明日思いがけないトラブルが発生したとしても、「今度はそうきたか！」と全力で対応に当たるのみです。

「予想外」が規定路線の人生。起こることを阻止する術はありませんが、トラブル対応を終えてみると、意外と「なんとかなるじゃん！」と感じると思います。

逆に、すべてが予想できる人生だったら？　安心はできるけれど、なんだか味気ない、つまらない人生に思えるかもしれません。

とはいえ、予測不能な人生を少しでも安心して歩みたい人に、私が何かアドバイスできるとしたら――その答えは、**「失敗やトラブルを避けずに、率先《そっせん》して自分の力で解決していくこと」**とお伝えしたいです。

「なんとかなる」人生を歩んでいけるのは、火中の栗を自ら拾いに行けるような、トラブルを楽しめる人だと思うからです。

71

「変えられないこと」にはジタバタしないのが一番

前出の「薔薇の舞踏会」の2024年には、私が創設したソサエティのメンバーの中から女性経営者・起業家有志5名も参加しました。

私はモナコの宿泊先ホテルを予約し、あとはみなさんの到着を待つだけ。期待感と緊張感に包まれながらも、5名の女性たちは笑顔でホテルのロビーに無事やって来てくれました。

しかし、再会を喜んだのも束の間、大きなトラブルが発生していることを知らされます。なんと、「海外旅行はこれが初めて」という70代のAさんが空港で預けたスーツケースが、あろうことかロストバゲージとなってしまったのです。

Ａさんのスーツケースの中に入っていたのは、舞踏会で着る予定だった衣装……。しかもただのドレスではなく、「着物を５分で美しく」を提案するＡさんが、この日のために用意した唯一無二の衣装でした。

Ａさんは、モナコへの経由地となる、フランスのニースにあるコート・ダジュール空港に電話をし、ロストバゲージはまだ見つからないのかと確認しましたが、残念ながら「見つからない」とのこと。滞在期間は約１週間。舞踏会前になんとか荷物を見つけねばと、私のほうはとにかく焦っていました。

ですが、ご本人は、ロストバゲージなどどこ吹く風。慌てず騒がず、悠然としています。**「なぜもっと必死にならないの？」と逆に私が焦ってしまうほどの落ち着きようでした。**

そしていよいよ舞踏会当日の午前中――。残念ながら、Ａさんのロストバゲージ発見の連絡は前日までにはありませんでした。ですが、ほかの４名がホテルで身支度を進める中、颯爽《さっそう》と現れたＡさんは、ＺＡＲＡの素敵なドレスに身を包んでいたのです。Ａさんは舞踏会当日までに、初海外にもかかわらず一人でＺＡＲＡへ行き、ドレスを購入していたのでした。

それだけでなく、準備を進めていると「ロストバゲージが見つかった」との連絡が入りました。急いでホテルに送ってもらえるよう手配をし、なんとか無事受け取りに成功！　でも、あと1時間ほどで迎えの車がやって来ます。さすがに準備は間に合わないかと思っていたら、Aさんはものの5分ほどで自らが作った衣装に着替えてきたのでした。

シャンパンゴールドの地紋様に、淡いグレーの花があしらわれた訪問着の粋なこと！　無事に自分が手がけた衣装で「薔薇の舞踏会」に出席したAさんは、会場のセレブたちからも熱視線を送られることになりました。

Aさんはトラブルが起きても最初から最後まで、慌てふためくことはありませんでした。**焦っても騒いでも仕方がないことには、最初からジタバタしない。**さっさとスイッチを切り替え、状況によって臨機応変に対応していれば、あとはおのずとうまくいく――。Aさんとロストバゲージを通して、私はそんな素晴らしい気づきをいただいたのでした。

72 「うまいやり方」を知らなくてもトライ&エラーはくり返せます

2018年からモナコに住んでいる私ですが、いまだに慣れないことはたくさんあります。その代表とも言えるのが、「コミュニケーション」です。

住んで6年目を迎え、日常会話レベルならどうにか理解できるようになってきました。でも、友人との会話もすこぶるスムーズかというと、まったくそんなことはありません。

公用語はフランス語ですが、外国から移住している富豪も多いモナコでは、コミュニケーションを英語で行うケースも少なくありません。

私も、モナコ人の友人とは英語でのコミュニケーションが中心です。ただ、お互いに使い慣れた母国語ではないため、英単語一つとっても捉え方が違うなと感じたり、伝えたいことがうまく伝わっていないなと不安になることがあります。

実際に顔を合わせて会話しているときであれば、表情や雰囲気で「こう思っているのだろうな」と想像はつくので、それほど苦労はありません。

ですが、メッセージアプリなどでやりとりするときには、どうしても齟齬が生まれやすくなるのです。

文面のやりとりは表情が見えないぶん、ちょっとしたニュアンスのズレで不穏なムードを生み出してしまうことがあります。私は翻訳アプリも使っていますが、心の機微を表すような繊細な言い回しは、私もアプリもまだまだカバーしきれません。

それでも日本人同士ならば、同じ文化的背景を持っていることで誤解は最小限に留められるでしょう。ですが、モナコの人と日本人の私では、持っている文化背景がまるで違うため、ちょっとした齟齬が信頼関係にも影響を及ぼすことがあるのです。

じゃあ、そんなときはどうしているかというと、「閑話休題」ではありませんが、**それまでの会話とはまったく関係のないお花や風景など、ちょっとだけ心がやすらぐ写真を1枚送ります。**するとお互い冷静になり、これまでどおりのやりとりに戻れたりもします。

異国で暮らすということは、トライ＆エラーのくり返しだと思っています。失敗もたくさんありますが、まずは行動を起こさないことには何も始まりません。

嫌われるのが怖くて本音を言わないまま友人と付き合っていても、それでは対等な関係とは言えませんし、本当の信頼関係を築くことは難しいでしょう。

絶対に失敗しない「うまいやり方」を、私はいまだに知りません。

結局、何年住もうと、語学を学び尽くそうと、そんな方法は見つからないんじゃないか、でもそれでいいんじゃないか、とも思っています。

日本でもモナコでも、私の基本的な考え方は、まずはやってみることが最優先。やってみたからこそ失敗が生まれ、経験値を積み上げていくことができる。**トライすらしないのは、人生の可能性を放棄しているのと同じこと**だと思っています。

73

山を下るほど
大変なことはないから
山を一歩ずつでも
登り続けるのです

私は、アジアやヨーロッパを中心とした化粧品ブランドを展開しています。香港で開催された、アジアで最大の美容市である「COSMOPROF Asia Hong Kong」に出展したのを手始めに、中国で商品がヒット。化粧品事業は大きな売り上げを達成するまでに成長しました。

現在開発を進めているのは、新たな美容関連プロジェクト。みなさんにお披露目できるのはもう少し先になりますが、とても素敵な提案になりそうな予感で、私自身も今からワクワクしています。

ただ、**国をまたいだビジネスはもちろん簡単にはうまくいきません。**私は、新たな商品のアイデアを考えたり、アイデアを具体化したりするのはまったく苦にならないのですが、経営者としては当然そればかりやっているわけにはいきません。国によって異なる租税や関税を理解し、適切に対応していくための知識と人材は不可欠です。専業主婦から起業家に転身した私が、国際的なビジネスを手掛ける中でもっとも苦労したのも、そうした税にまつわる知識のインプットでした。

もちろん、私の周りには心強いプロフェッショナルたちがいますから、私一人だけで何もかもをこなすわけではありませんが、国ごとに違う法律やライセンスを１つずつ、間違えることなく進めていくのは、やはり骨が折れる作業です。

コンセプトとネーミングが鍵となる商品を開発する際には、Ａの国では問題ないけれど、Ｂの国ではライセンスに抵触する恐れがあることが最終段階で発覚して、大慌てで調整を迫られることもあります。

中国の国内で商品を運搬する手配を行った際には、トラックによる運搬ではなく、荷物を背負って「人力」で運んでいたことに目が点になったこともありました。

正直、「ああ、今度こそダメかも……」と思ってしまうようなピンチは数え切れないほどありましたが、それでもこうして続けてきたのは、

「山を登ることよりも、山を下るほうがつらい」

と常々思っているからです。

事業というのは、立ち上げや継続よりも、クローズさせること、つまり「事業撤退」するときがもっともつらいといわれます。「経営的なつらさ」はもちろんですが、「人的なつらさ」の占める割合が大きく、携わってきた人たちの雇用はどうするのか、お世話になった人、協力を得てきた人たちにどう説明するかなど、「始める」ことへの責任以上に、「やめる」ことには重い責任がのしかかります。

私は眼科医だった亡き夫の病院を一度は再建しようと奔走しましたが、最終的には「閉院」を選択せざるを得ませんでした。そのときに「やめる」ことのつらさと責任の重さを身に沁みて感じたのです。だからどんな壁が立ちはだかろうと、事業を撤退させることに比べれば「たいしたことじゃない」と思えるのかもしれません。

山を下るときは、転んでしまわぬようにと足もとしか見ていられない状態ですが、**少しずつでも山を登り続けていれば、目に映る景色も少しずつ変化していきます。**

私はこの先も、そうした景色を心に焼き付けながら、山を登り続けていたいのです。

74

モナコの富豪は「お家ごはん」が最上級のおもてなし

大富豪というと、日夜パーティーを開催し、華やかな社交の場を楽しんでいるイメージを抱く人も多いことでしょう。たしかに、世界じゅうの大富豪が集うモナコには格式の高いホテルや高級レストランが多数あり、ドレスアップしたセレブたちが食事と会話を楽しむ光景はごく日常的なものです。

でも意外なことに、モナコに住む大富豪たちの「おもてなし」は、そうした格式の高いホテルや高級レストランにゲストを招待し、賑やかなパーティーを開催することではありません。

モナコの富豪にとっての**最高のおもてなしは、「プライベートな空間に招待す**

ること」です。

自宅で開催するホームパーティーがその1つ。莫大な資産を有する富豪たちは、どれだけ社交的な人であっても、信頼した人しか家に招きません。極めてプライベートな場所に招待するということは、ゲストへの深い信頼の証でもあるのです。

有り余るほどのお金を持っている富豪たちにとって、ホテルやレストランで一流のサービスを得ることは簡単です。しかし、マルシェで新鮮な食材を購入し、大好きな友人らを招いて手料理を囲む――そんな、親しい友人たちと過ごすささやかで穏やかな時間はけっしてお金では買えません。

「心を豊かにする最高の時間」は自分の手でしか作り出すことができないことを、モナコの富豪たちは知っているのです。

そしてもう一つ、モナコのセレブたちには大切な場所があります。それが「海上」です。エルキュール港とフォンヴィエイユ港という、スーパーヨット（全長80フィート＝約24メートル以上）の停泊設備が整った港があり、そこには豪華なスーパーヨットが何十艘も停泊しています。モナコの富豪たちにとっては、そうしたスーパーヨットで家族や仲間たちと週末を過ごすことが何よりの贅沢なのです。

きらめく波に船を浮かべた、誰にも邪魔されない家族だけの時間。喧騒から離れて自然の中に身を委ね、愛情に満ちたひとときを過ごすことは、想像しただけでも幸福感に包まれます。

私たちがスーパーヨットを手に入れるのはたやすいことではありませんが、モナコの富豪たちの過ごし方から学べるのは、**「自然体でいられる場所で大切な人と時間を共にすること」**こそが幸せだということです。

豪華な食事を食べることや、華やかな装いに身を包むことは、たしかに「贅沢」のうちの１つです。ですが、それはお金さえ出せば誰にでも経験できること。けっして、「かけがえのないもの」ではありません。

お気に入りに囲まれた自分の家、人目の届かない海の上は、誰にも邪魔することができない場所であり、そこで大切な人と過ごすことこそが「かけがえのないもの」なのです。

本当の幸せを手に入れることができるのは、そんな地に足の着いた「豊かさ」を味わえる人なのかもしれません。

75

相手に喜ばれるプレゼントとは「パッション」が伝わる贈り物

日本に帰国中、有馬温泉に旅行する機会がありました。そこで久しぶりに食べた有馬温泉名物の「炭酸せんべい」の美味しさに感動した私は、モナコの友人たちにもぜひお土産でプレゼントしたいと考えました。

ご存知の方も多いと思いますが、職人さんの手によって焼き上げられる炭酸せんべいは、とても薄く繊細です。その薄さが香ばしさの秘密なわけですが、そのぶん衝撃で割れやすいのが難点です。

果たして、モナコまで無事に持って帰れるの？　空港で荷物として預けられるかな？　お土産として持ち帰りたいものの、いろいろな不安がよぎります。

それでも、炭酸せんべいの美味しさをぜひ友人たちにも味わってほしいと思った私は、お土産として購入することを決意。配送も行っているおせんべい屋さんに注文に行き、まずは東京まで送ってもらい、モナコには手持ちで持っていくことにしました。日本からモナコへは、飛行機の直行便は出ていません。たとえば、パリやフランクフルトまで行ってから乗り継ぎ、モナコにもっとも近いニースのコート・ダジュール空港へ。そこからさらにタクシーかヘリコプターを使ってモナコへと移動します。移動時間を合計すると丸一日ほどかかる長旅でしたが、私は炭酸せんべいが入ったカバンを飛行機でも守り抜き、なんとかモナコの自宅にたどり着くことができました。

後日、友人たちに「炭酸せんべい大移動記」のエピソードも伝えながらお土産を渡したところ、「味はもちろん美味しいけれど、あなたが大事に抱えて持ってきてくれたことが嬉しいわ！」と大感激！　私自身も苦労が報われた瞬間でした。

誰かにプレゼントを贈るときには、自分がこのプレゼントを贈りたいと思った理由、どんなところに惹かれたか、どうやって運んできたかなど、「物語」も一緒に伝えるといいと思います。**相手を思うパッションが強ければ強いほど、1つの贈り物を通じて、人間関係の絆もより強固になっていく**からです。

76

自分にふさわしい宝飾品は「気がついたら手に入っている」もの

モナコにはいくつもカジノがありますが、街を散策していると、カジノの周辺には宝飾品店が立ち並んでいることに気づきます。

ある日、ふとその1つに立ち寄ってみると、「あること」に気づきました。**ショーケースに並んでいる商品に、値札が1つも付いていない**のです（日本でも高価な貴金属類はそうですが）。

モナコの富豪たちはもちろん、使っても使い切れないほどの資産を持っているため、値札を気にする必要がないという理由もあるでしょう。ただ、もう一つモナコの宝飾品店を観察していて感じたのは、時計やジュエリーは「出逢い」だということ。「買う」ものではない、という美学がそこにあるのではと感じたのです。

時計やジュエリーは直接肌に身につけるものであり、相性のようなものもあるのでしょう。その証拠に、時計やジュエリーに対して、肌になじむ、しっくりくる、そんな表現をすることもあります。

「これだ！」と思える時計やジュエリーに出逢えたとしても、私たちはどうしても「値段」を真っ先に気にしてしまいがちです。モナコのお店ならなおさら、高額な買い物になることは想像ができますから、おいそれと「これを見せていただけますか？」とはなかなか言い出せません。

ですが、こうも考えられます。値札が付いていたらどうでしょうか？　素敵だなと思っても、あきらかに予算オーバーな価格だったら、すぐさま選択肢から外してしまって、試着することすらあきらめるはずです。

私自身は、**時計やジュエリーは「買う」ことを目標にしない**ことが、その時計やジュエリーとのご縁を引き寄せることにつながると思っています。価値あるものというのは、たんなる値札だけで判断することはできません。だからこそ、自分が本当に気に入ったものを買うべきです。

欲しいものによっては、今すぐは手に入らないかもしれません。ですが、「500万円貯めてあの時計を手に入れる」と意気込めば意気込むほど、不思議とその時計やジュエリーとの出逢いが遠のいていってしまうのです。

それよりも、「あの時計やジュエリーに見合う女性になって、また必ず会いに来るわね」と考えて日々を積み重ねていくことで、いつの間にか欲しかった時計やジュエリーが手に入っている。

宝飾品との出逢いとは、つまりはオーラが引き寄せてくれるものなのです。

お得だから買う、高いから買わない。一流の職人たちによる手仕事で生み出される一級品たちはモノからもオーラを放ち、安い・高いで判断されることを嫌います。肌になじむ、しっくりくる、というのは、身につける人間側の一方的な感覚だけではなく、モノとの関係性があって初めて成り立つものだと感じるのです。**宝飾品はお互いに相思相愛になれた人の元へやって来てくれる――**。そのことを覚えておくことで、一生ものの「相棒」や「お守り」が向こうからご縁をつないで来てくれる確率が、ぐんと高まります。

77

カンヌのレッドカーペットは「偶然の産物」だから大いに楽しむ

フランスのカンヌでは、毎年5月に「カンヌ国際映画祭」が開催されます。世界的に有名な映画祭で、約2週間、出品された映画を上映すると共に、授賞式も開催されます。

この映画祭の見どころの1つが、全世界から集まる監督や俳優たちが居並ぶところです。メイン会場のパレ・デ・フェスティバルの正面階段に敷かれた**レッドカーペットは、世界じゅうから熱視線を送られる特別な場所**。思い思いの華やかなドレスをまとって歩くセレブたちの姿は「レッドカーペットルック」と呼ばれ、ファッションメディアでも大々的に取り上げられるほどです。

私が初めてカンヌ国際映画祭のレッドカーペットを歩かせていただいたのは、2022年のこと。私は映画にも出演していませんし、映画関係者でもありません。そもそも、「歩きたい！」と手を挙げたから行けるような場所ではないですから、それは奇跡としか言いようのない出来事でした。

映画祭の開催に合わせて私がカンヌ入りしたのは、私の友人2人がこの場所への招待状をゲットできたということで、そのサポートをするのが目的でした。彼女たちはレッドカーペットを歩くために数ヵ月前から抜かりなく準備を重ね、大荷物でカンヌにやって来ました。

一方の私はと言うと、あくまでもお手伝い要員としての参加ですから気楽なものです。隣国のモナコから、ショートパンツにカジュアルなシューズという出で立ちで、ドレスも持たずにやって来ました。彼女たちとは一緒のホテルに宿泊していて、私自身はレッドカーペットを歩くことには興味がなかったのですが、すごく楽しみにしている彼女たちを見て私も嬉しい気持ちになっていました。

そんな準備の最中、突然モナコの友人から連絡がありました。それが、「カンヌ国際映画祭のレッドカーペットの招待状があるのだけど、あなたも参加してみない？」

というものだったのです。この電話は、そこを歩く２日前のことでした。

まったく興味がなかった私も、**「こんな奇跡は二度と起こらないかもしれない。だったら、楽しんでしまえばいいのでは？」**という気持ちになりました。

そこからは猛スピードで準備を開始。パリで着物をお借りできる方と着付けのプロを紹介していただいて、ホテルに来てもらえないか交渉したり、ヘアメイクをお願いできるカンヌの美容室に予約を入れたりと大忙しです。

友人たちのお手伝いはひととおり終えていたところだったので、タイミングもよかったのだと思います。手配もスムーズに完了し、無事に当日を迎えることができました。

そしていよいよ会場で招待状を見せると、なんと友人たちよりもランクが上のチケットだったことが判明。レッドカーペットを歩くために努力して招待状を獲得した友人たちには申し訳ない気もしましたが、罪悪感に苛まれていても仕方ありません。私は思う存分、歩く時間を楽しむことにしたのです。

レッドカーペットの両脇には、世界じゅうから集まった報道陣がカメラを構えていました。普段体験することのないその光景に圧倒されつつも、二度と味わうことのないであろう特別なカーペットの感触を確かめるように、私は着物姿で赤い絨毯《じゅうたん》を一歩一歩踏みしめました。世界の映画人たちがどんな思いでここを目指すのか、そのことに思いを馳せながら歩いてみると、とてつもなく貴重な体験をさせてもらったことに、あらためて感謝の気持ちでいっぱいになりました。

人はしばしば、**「無欲」であることが幸運を引き寄せる鍵になる**ことがあります。私はこれを「無欲の効能」と言ったりもします。「レッドカーペットを歩く」という奇跡的な出来事も、私が「出たいとは思っていなかったから」こそ得られた奇跡なのではないかと考えています。

こうして結ばれたカンヌ国際映画祭とのご縁は、一度だけではありませんでした。なんと、2023年にはチュニジアの女性監督、カウテール・ベン・ハニアさんが招待してくださったのです。ちなみにチュニジアは、私がTEDxでスピーチにチャレンジした国です。

自分にはご縁も興味もないと思っていたレッドカーペットを二度も歩かせていただくことになり、私自身が一番驚いています。

もし、みなさんに「無欲の効能」が現れたとき、何も準備できていないとしても、ぜひ突き進んでみてください。それは本当に突然やって来るスペシャルギフトのようなもの。そうなったら、準備は大急ぎで始めれば、必ず間に合いますから！

おわりに――「また逢いたくなる人」のオーラに惹かれます

「オーラ」――パッと尋ねられると噛み砕いて言語化しにくいこの言葉。でも、そのひと言で誰もがイメージをつかめる言葉です。『新明解』で調べたら、こうありました。【「その世界で一流だとされている人物などについて」その人から発散されていると感じられる、並の人には無い、独特の雰囲気。】

なるほど、まさにこの感じですね。しかしここで私には思うことがありました。たしかに、「一流とされている」とか「並の人ではない」といった人には燃えたつようなオーラが漂うのでしょう。しかし、芸能人、スポーツ選手、学者など社会的に有名な人にしかオーラがまとえないわけではありません。私やみなさんの周りの、特別な世界に身を置いているわけではない人でも、素敵な雰囲気が漂っている方もいますよね。これこそが、オーラなのです。

そして、いろいろな種類のオーラがあるようにも感じます。大物感や威圧感、高貴な印象、不思議な印象などなど。その中でも私が惹かれるのが「また逢いたくなる人」のオーラです。その「逢いたくなるオーラ」、ここまで読んできたあなたの周りから、すでに滲み出ているかもしれませんね。

本書刊行への最初の縁をつないでくださったオフィス マイプロの山上昌彦さん。企画・プロデュース・編集をしていただいた著述家・編集者の石黒謙吾さん。素晴らしい構成の金澤英恵さん。素敵にデザインしていただいた杉山健太郎さん。刊行を決めていただいた幻冬舎の取締役もつとめる編集者の菊地朱雅子さん。ご挨拶に伺い応援メッセージもいただいた幻冬舎の見城徹社長。ほかこの本に関わるみなさんへ感謝を。ありがとうございました。

そして、最後まで読んでお付き合いいただいたみなさん、ありがとうございます。人生はすべて縁ですから、どこかであなたにお逢いできるかも！

では、その日を楽しみに、à bientôt!

PROFILE

エミチカ

ÉTOILE de Monaco 代表
一般社団法人「KELLY CLUB JAPON」代表理事

モナコを拠点に活動し、「新しい自分に出逢う」を提唱する、エレガントなビジネスウーマン。50歳で夫を亡くしたことで、専業主婦から経営者に。「品格、勇気、愛を持って自分の限界を超えていくこと」をビジョンに掲げ、人脈や語学力を一から磨いてビジネスチャンスを切り拓く。「女性ひとりひとりがダイヤの原石」と考えるエミチカ流ライフスタイルは、SNSを通じて世界じゅうに女性ファンを獲得する。2022年7月、世界的なプレゼンテーションイベント「TEDx」でスピーチし、その動画は月間再生回数世界最多を記録した。日本人女性を対象としたオンラインスクール「エミチカアカデミー」や、一般社団法人「KELLY CLUB JAPON」を創設し、講演、経営者育成などさまざまな活動を展開している。『The Japan Times』一面特集、『Forbes France』『TIMES MONACO』など、数々の海外メディアにも取り上げられている。著書に、『結局、「手ぶらで生きる女」がうまくいく』(PHP研究所)がある。

協力 (50音順)

一般社団法人 KELLY CLUB JAPON

井上都裳子
大津絵里香
橘 思江
丹羽幸美
MEGURU

STAFF

著／エミチカ

プロデュース・編集／石黒謙吾

構成／金澤英恵

デザイン／杉山健太郎

編集／菊地朱雅子（幻冬舎）

制作／㈲ブルー・オレンジ・スタジアム

写真／Lim Sungkyung（カバー）

Min Kyung Choi（P222）

渡邉肇（カバー袖／プロフィール）

エミチカ（章扉）

協力／山上昌彦（オフィス マイプロ）

「逢いたくなる」オーラをはぐくむモナコからの言葉77

2024年7月20日　第1刷発行

著　者／エミチカ

発行人／見城 徹

編集人／菊地朱雅子

発行所／株式会社 幻冬舎

〒151-0051 東京都渋谷区千駄ヶ谷4-9-7

電話　03(5411)6211（編集）

03(5411)6222（営業）

公式HP：https://www.gentosha.co.jp/

印刷・製本所／中央精版印刷株式会社

ISBN978-4-344-04314-5　C0095

この本に関するご意見・ご感想は、下記アンケートフォームからお寄せください。

https://www.gentosha.co.jp/e/